AF607663

EDGAR ALLAN POE

LA MÁSCARA DE LA MUERTE ROJA

Y OTROS RELATOS

•FONTANA•

EDGAR ALLAN POE

LA MÁSCARA DE LA MUERTE ROJA
Y OTROS RELATOS

TRADUCCIÓN:
ENRIQUE CAMPBELL
YENIS OCHOA, *Magister*

PRÓLOGO Y PRESENTACIÓN:
ALBERTO LAURENT

LA MÁSCARA DE LA MUERTE ROJA
Y OTROS RELATOS, Edgar Allan Poe

Prólogo / Presentación: Alberto Laurent
Traducción: Enrique Campbell, Yenis Ochoa
Diseño gráfico / Ilustración portada: Daniel Jurado

Edita: Olmak Trade S.L.
C/ Roca Plana 1
08110 - Montcada i Reixac
Barcelona (España)

www.olmaktrade.com
info@olmaktrade.com

@O_BookTrade
#ClásicosFontana

Impreso en España / Printed in Spain

I.S.B.N: 978-84-10109-96-4
Depósito Legal: B 10087-2024

Estudio preliminar

Edgar Allan Poe: El hombre y su mundo

Edgar Allan Poe, poeta, crítico y cuentista norteamericano, nació en Boston, Massachusetts, el 19 de enero de 1809 y murió en Baltimore el 7 de octubre de 1849.

Hijo de actores ambulantes, la muerte de su madre, una frágil inglesa, y la desaparición de su padre, lo dejaron huérfano a los dos años. El niño se crió en la casa de un tío, John Allan, comerciante de tabaco en Virginia, con quien se trasladó a Inglaterra, donde residió desde 1815 a 1820. Allí se educó en la escuela de Manor House en Stoke Newington (que tan bien describe en *William Wilson*, 1839). De vuelta en los Estados Unidos es expulsado de la universidad de Virginia por jugador, y el joven, rebelde y caprichoso, rompe con su padre adoptivo y se marcha a Boston, donde en 1827 publica *Tamerlan*, su primer libro de poesía, de forma anónima, y luego se alista en el ejército.

Es enviado a la isla de Sullivan, en Carolina del Sur, que le suministra el escenario para *El escarabajo de oro* (1843). Ingresa en la Academia Militar de West Point en 1830, después de haber publicado *Al Aaraaf* (1829), su segundo libro de poesía; pero es muy pronto expulsado, publicando su tercer volumen de poesía: *Poems* (1831), ya con un estilo propio, aunque se advierten todavía algunos ecos de Coleridge.*

* Samuel Taylor Coleridge (1772-1834), junto con William Woodswoorth

Viviendo al día, como periodista mal retribuido, llegó a ser colaborador y más tarde director de numerosos periódicos, entre ellos el *Southern Literery Messenger*, que bajo su dirección se convirtió en el más importante periódico del Sur. Comenzaron a salir de su pluma infinidad de artículos críticos, algunos de los cuales figuran entre las páginas más agudas de la crítica norteamericana.

Así adquirió una reputación literaria que llegó a la cumbre con *El cuervo* (1845). Su primera colección de relatos, *Tales of the Grotesque and Arabesque* (1839—1840), contiene una de sus más famosas obras: *La caída de la Casa de Usher*, un magistral relato gótico.

Pero una depresión psíquica, enmascarada por su talante de autor elegante, comenzó a arrastrarlo hacia el alcohol, que agravó su mal hasta el embrutecimiento. Su matrimonio con una prima de trece años, Virginia Clemm, no logró calmar sus tormentas interiores, aunque pudo haber actuado de un modo favorable sobre su equilibrio mental, siempre muy precario. Siempre en el filo de la locura, proyectó sobre sus personajes la tormentas interiores de su alma, convirtiéndose éstas con frecuencia en disfraces traslúcidos, como Roderick Usher, morboso señor de una estirpe decadente que se derrumbaba (su propia mente); o Auguste Dupin, el genio del razonamiento; y, por fin, como el Arthur Gordon Pym que marcha hacia las remotas tierras árticas en busca de un lugar "cuyo acceso equivale a la destrucción".

Todo esto produjo un estilo matemático preciso, donde los personajes son movidos por fuerzas que los superan, sometidos a todas los cambios físicos y morales que constituyen la vida del espíritu.

En 1847 muere Virginia de tuberculosis. Desolado, Poe logra terminar a duras penas *Eureka*, una nueva teoría

---

(1770-1850), fue el más grande de los poetas románticos ingleses.

del universo. Pero, luego de dos años que parecen arrastrarlo fuera del torbellino de su locura, planea casarse por segunda vez. Poco después del acontecimiento y después de una celebración con sus amigos, fue encontrado moribundo en una de las calles de Baltimore, y cuatro días después murió a causa de un *delirium tremens.*

Obra

Su influencia y reputación póstumas fue muy grande. Los críticos freudianos han señalado los elementos patológicos de su obra, que va desde la necrofilia del poema *Annabel Lee* (1849), hasta el indulgente sadismo de *El pozo y el péndulo* (1843), en tanto que los existencialistas lo consideran un precursor por relatos como *El tonel de amontillado* (1846).

Lo cierto es que sienta las bases del cuento moderno, que casi no sufrirá modificaciones hasta Kafka. También se le puede considerar como el creador del policial "enigma", con su detective Dupin (*Los crímenes de la rue Morgue*, 1841; *La carta robada*, 1845).

También los críticos de ciencia-ficción han querido ver elementos del género en muchos de sus cuentos, en esa tendencia perfeccionista de tratar de justificar un hecho fantástico como una explicación lógica (*La verdad sobre el caso del señor Valdemar*, 1845).

A. LAURENT

EDGAR ALLAN POE

LA MÁSCARA DE LA MUERTE ROJA

Y OTROS RELATOS

La máscara de la Muerte Roja

La "Muerte Roja" había devastado el país durante largo tiempo. Jamás una peste había sido tan fatal y tan espantosa. La sangre era encarnación y su sello: el rojo y el horror de la sangre. Comenzaba con agudos dolores, un vértigo repentino, y luego los poros sangraban y sobrevenía la muerte. Las manchas escarlata en el cuerpo y la cara de la víctima eran el bando de la peste, que la aislaba de toda ayuda y de toda simpatía, y la invasión, progreso y fin de la enfermedad se cumplían en media hora.

Pero el príncipe Próspero era feliz, intrépido y sagaz. Cuando sus dominios quedaron semidespoblados llamó a su lado a mil caballeros y damas de su corte, y se retiró con ellos al seguro encierro de una de sus abadías fortificadas. Era ésta de amplia y magnífica construcción y había sido creada por el excéntrico aunque majestuoso gusto del príncipe. Una sólida y altísima muralla la circundaba. Las puertas de la muralla eran de hierro. Una vez en el interior, los cortesanos trajeron fraguas y pesados martillos y soldaron los cerrojos. Habían resuelto no dejar ninguna vía de ingreso o de salida a los súbitos impulsos de la desesperación o del frenesí. La abadía estaba ampliamente aprovisionada. Con precauciones semejantes, los cortesanos podían desafiar el contagio. Que el mundo exterior se las arreglará por su cuenta; entretanto era una locura afligirse. El príncipe había reunido todo lo necesario para los placeres. Había bufones, improvisadores, bailarines y músicos; había hermosura y vino. Todo eso y la seguridad estaban del lado de adentro. Afuera estaba la Muerte Roja.

Al cumplirse el quinto o sexto mes de su reclusión, y cuando la peste hacía los más terribles estragos, el príncipe Próspero ofreció a sus mil amigos un baile de máscaras de la más extraordinaria magnificencia.

Aquella mascarada era un cuadro voluptuoso, pero consientan que antes les describa los salones donde se celebraba. Eran siete —una serie imperial de estancias—. En la mayoría de los palacios, la sucesión de salones forma una larga galería en línea recta, pues las dobles puertas se abren hasta adosarse a las paredes, permitiendo que la vista alcance la totalidad de la galería. Pero aquí se trataba de algo muy distinto, como cabía esperar del amor del príncipe por lo extraño. Las estancias se encontraban dispuestas con tal anormalidad que la visión no podía abarcar más de una a la vez. Cada veinte o treinta metros había un brusco recodo, y en cada uno nacía un nuevo efecto. A derecha e izquierda, en mitad de la pared, una alta y estrecha ventana gótica daba a un corredor cerrado que seguía el contorno de la serie de salones. Las ventanas tenían vitrales cuya coloración variaba con el tono dominante de la decoración del aposento. Si, por ejemplo, la cámara de la extremidad oriental tenía tapicerías azules, vívidamente azules eran sus ventanas. La segunda estancia ostentaba tapicerías y ornamentos purpúreos, y aquí los vitrales eran púrpura. La tercera era totalmente verde, y lo mismo los cristales. La cuarta había sido decorada e iluminada con tono naranja; la quinta, con blanco; la sexta, con violeta. El séptimo aposento aparecía completamente cubierto de colgaduras de terciopelo negro, que abarcaban el techo y las paredes, cayendo en pliegues sobre una alfombra del mismo material y tonalidad. Pero en esta cámara el color de las ventanas no correspondía a la decoración. Los cristales eran escarlata, tenían un color de sangre.

A pesar de la abundancia de ornamentos de oro que aparecían aquí y allá o colgaban de los techos, en aquellas siete estancias no había lámparas ni candelabros. Las cámaras no estaban iluminadas con bujías o arañas. Pero en los corredores paralelos a la galería, y opuestos a cada ventana, se alzaban pesados trípodes que sostenían un ígneo brasero cuyos rayos se proyectaban a través de los cristales teñidos e iluminaban brillantemente cada estancia. Producían en esa forma multitud de resplandores tan vivos como fantásticos. Pero en la cámara del poniente, la cámara negra, el fuego que a través de los cristales de color de sangre se derramaba sobre las sombrías colgaduras, producía un efecto terriblemente siniestro, y daba una coloración tan extraña a los rostros de quienes penetraban en ella, que pocos eran lo bastante intrépidos para poner allí los pies. En este aposento, contra la pared del poniente, se apoyaba un gigantesco reloj de ébano. Su péndulo se balanceaba con un resonar sordo, pesado, monótono; y cuando el minutero había completado su circuito y la hora iba a sonar, de las entrañas de bronce del mecanismo nacía un tañido claro y resonante, lleno de música; más su tono y su énfasis eran tales que, a cada hora, los músicos de la orquesta se veían obligados a interrumpir momentáneamente su ejecución para escuchar el sonido, y las parejas danzantes cesaban por fuerza sus evoluciones; durante un momento, en aquella alegre sociedad reinaba el desconcierto; y, mientras aún resonaban los tañidos del reloj, era posible observar que los más atolondrados palidecían y los de más edad y reflexión se pasaban la mano por la frente, como si se entregaran a una confusa meditación o a un ensueño. Pero apenas los ecos cesaban del todo, livianas risas nacían en la asamblea; los músicos se miraban entre sí, como sonriendo de su insensata nerviosidad, mientras se prometían en voz baja que el siguiente tañido del reloj no provocaría en ellos una emoción semejante. Mas, al cabo de sesenta y tres mil seiscientos segundos del Tiempo que huye, el reloj daba otra vez la hora, y otra vez nacían el desconcierto, el temblor y la meditación.

No obstante, la fiesta era alegre y magnífica. El príncipe tenía gustos singulares. Sus ojos se mostraban especialmente sensibles a los colores y sus efectos. Desdeñaba los caprichos de la pura moda. Sus planes eran audaces y ardientes, sus concepciones brillaban con bárbaro esplendor. Algunos podrían haber creído que estaba loco. Sus cortesanos sentían que no era así. Era necesario oírlo, verlo y tocarlo para tener la seguridad de que no lo estaba. El príncipe se había ocupado personalmente de gran parte de la decoración de las siete salas destinadas a la gran fiesta, su gusto había guiado la elección de los disfraces.

Grotescos eran éstos, a no dudarlo. Reinaba en ellos el brillo, el esplendor, lo picante y lo fantasmagórico. Veíanse figuras de arabesco, con siluetas y atuendos incongruentes, veíanse fantasías delirantes, como las que aman los locos. En verdad, en aquellas siete cámaras se movía, de un lado a otro, una multitud de sueños. Y aquellos sueños se contorsionaban en todas partes, cambiando de color al pasar por los aposentos, y haciendo que la extraña música de la orquesta pareciera el eco de sus pasos.

Más otra vez tañe el reloj que se eleva en el aposento de terciopelo. Por un momento todo queda inmóvil; todo es silencio, salvo la voz del reloj. Los sueños están helados, rígidos en sus posturas. Pero los ecos del tañido se pierden —apenas han durado un instante— y una risa ligera, a medias sofocada, flota tras ellos en su fuga. Otra vez crece la música, viven los sueños, contorsionándose al pasar por las ventanas, por las cuales irrumpen los rayos de los trípodes. Más en la cámara que da al oeste ninguna máscara se aventura, pues la noche avanza y una luz más roja se filtra por los cristales de color de sangre; temible es la tiniebla de las colgaduras negras; y, para aquél cuyo pie se pose en la sombría alfombra, brota del reloj de ébano un ahogado resonar mucho más solemne que los que alcanzan a oír las máscaras entregadas a la lejana alegría de las otras estancias.

Congregábase densa multitud en estas últimas, donde agitadamente latía el corazón de la vida. Continuaba la fiesta en su torbellino hasta el momento en que comenzaron a oírse los tañidos del reloj anunciando la medianoche. Calló entonces la música, como ya he dicho, y las evoluciones de los que bailaban se interrumpieron; y como antes, se produjo en todo una cesación angustiosa. Mas esta vez el reloj debía tañer doce campanadas, y quizá por eso ocurrió que los pensamientos invadieron en mayor número las meditaciones de aquellos que reflexionaban entre la multitud entregada a la fiesta. Y quizá también por eso ocurrió que, antes de que los últimos ecos del carrillón se hubieran hundido en el silencio, muchos de los concurrentes tuvieron tiempo para advertir la presencia de una figura enmascarada que hasta entonces no había llamado la atención de nadie. Y, habiendo corrido en un susurro la noticia de aquella nueva presencia, alzóse al final un rumor que expresaba desaprobación, sorpresa y, finalmente, espanto, horror y repugnancia. En una asamblea de fantasmas como la que acabo de describir es de imaginar que una aparición ordinaria no hubiera provocado semejante conmoción. El desenfreno de aquella mascarada no tenía límites, pero la figura en cuestión lo ultrapasaba e iba incluso más allá de lo que el liberal criterio del príncipe toleraba. En el corazón de los más temerarios hay cuerdas que no pueden tocarse sin emoción. Aún el más relajado de los seres, para quien la vida y la muerte son igualmente un juego, sabe que hay cosas con las cuales no se puede jugar. Los presentes parecían sentir en lo más hondo que el traje y la apariencia del desconocido no revelaban ni ingenio ni decoro. Su figura, alta y flaca, estaba envuelta de la cabeza a los pies en una mortaja. La máscara que ocultaba el rostro se parecía de tal manera al semblante de un cadáver ya rígido, que el escrutinio más minucioso se habría visto en dificultades para descubrir el engaño. Cierto, aquella frenética concurrencia podía tolerar, si no aprobar, semejante disfraz. Pero el enmascarado se había atrevido a asumir las apariencias de la Muerte Roja. Su mortaja estaba salpicada de sangre, y su amplia frente, así como el rostro, aparecían manchados por el horror escarlata.

Cuando los ojos del príncipe Próspero se posaron sobre la espectral imagen (que ahora, con un movimiento lento y solemne como para dar relieve a su papel, se paseaba entre los bailarines), convulsionóse en el primer momento con un estremecimiento de terror o de disgusto; pero inmediatamente su frente enrojeció de rabia.

—¿Quién se atreve —preguntó, con voz ronca, a los cortesanos que lo rodeaban—, quién se atreve a insultarnos con esta burla blasfematoria? ¡Apodérense de él y desenmascárenlo, para que sepamos a quién vamos a ahorcar al alba en las almenas!

Al pronunciar estas palabras, el príncipe Próspero se encontraba en el aposento del este, el aposento azul. Sus acentos resonaron alta y claramente en las siete estancias, pues el príncipe era hombre temerario y robusto, y la música acababa de cesar a una señal de su mano.

Con un grupo de pálidos cortesanos a su lado encontrábase el príncipe en el aposento azul. Apenas hubo hablado, los presentes hicieron un movimiento en dirección al intruso, quien, en ese instante, se encontraba a su alcance y se acercaba al príncipe con paso sereno y cuidadoso. Más la indecible aprensión que la perturbada apariencia de enmascarado había producido en los cortesanos impidió que nadie alzara la mano para detenerlo; y así, sin impedimentos, pasó éste a un metro del príncipe, y, mientras la vasta concurrencia retrocedía en un solo impulso hasta pegarse a las paredes, siguió andando ininterrumpidamente pero con el mismo y solemne paso que desde el principio lo había distinguido. Y de la cámara azul pasó la púrpura, de la púrpura a la verde, de la verde a la anaranjada, desde ésta a la blanca y de allí, a la violeta antes de que nadie se hubiera decidido a detenerlo. Más entonces el príncipe Próspero, enloquecido por la ira y la vergüenza de su momentánea cobardía, se lanzó a la carrera a través de los seis aposentos, sin que nadie lo siguiera por el mortal terror que a todos paralizaba. Puñal en mano, se aproximó impetuosamente hasta llegar a tres o cuatro pasos de la figura, que seguía alejándose, cuando ésta, al alcanzar el extremo del aposento de terciopelo, se volvió de golpe y enfrentó a su perseguidor. Oyóse un agudo grito, mientras el puñal caía resplandeciente sobre la negra alfombra, y el príncipe Próspero se desplomaba muerto. Poseídos por el terrible coraje de la desesperación, numerosas máscaras se lanzaron al aposento negro; pero, al apoderarse del desconocido, cuya alta figura permanecía rígida e inmóvil a la sombra del reloj de ébano, retrocedieron con inexpresable horror al descubrir que el sudario y la máscara cadavérica que con tanta rudeza habían aferrado no contenían ninguna figura tangible.

Y entonces reconocieron la presencia de la Muerte Roja. Había venido como un ladrón en la noche. Y uno por uno cayeron los convidados en las salas de orgía manchadas de sangre y cada uno murió en la desesperada actitud de su caída. Y la vida del reloj de ébano se apagó con la del último de aquellos alegres seres. Y las llamas de los trípodes sucumbieron. Y las tinieblas, y la corrupción, y la Muerte Roja lo dominaron todo.

El pozo y el péndulo

Sentía náuseas, náuseas de muerte después de tan larga agonía; y, cuando por fin me desataron y me permitieron sentarme, comprendí que mis sentidos me abandonaban. La sentencia, la atroz sentencia de muerte, fue el último sonido reconocible que registraron mis oídos. Después, el murmullo de las voces de los inquisidores pareció fundirse en un soñoliento zumbido indeterminado, que dibujo en mi mente la idea de revolución, tal vez porque imaginativamente lo confundía con el ronroneo de una rueda de molino. Esto duró muy poco, pues de pronto cesé de oír. Pero al mismo tiempo pude ver... ¡aunque con qué terrible exageración! Vi los labios de los jueces togados de negro. Me parecieron blancos... más blancos que la hoja sobre la cual trazo estas palabras, y finos hasta lo grotesco; finos por la intensidad de su expresión de firmeza, de inmutable resolución, de absoluto desprecio hacia la tortura humana. Vi que los decretos de lo que para mí era el destino brotaban todavía de aquellos labios. Los vi torcerse mientras pronunciaban una frase letal. Los vi formar las sílabas de mi nombre, y me estremecí, porque ningún sonido me alcanzaba. Y en aquellos momentos de horror delirante vi también oscilar imperceptible y suavemente las negras colgaduras que ocultaban los muros de la estancia. Entonces mi visión cayó en las siete altas bujías de la mesa. Al principio me parecieron símbolos de caridad, como blancos y esbeltos ángeles que me salvarían; pero entonces, bruscamente, una espantosa náusea invadió mi espíritu y sentí que todas mis fibras se estremecían como si hubiera tocado los hilos de una batería galvánica, mientras las formas angélicas se convertían en hueros espectros de cabezas llameantes, y comprendí que ninguna ayuda me vendría de ellos. Como una profunda nota musical penetró en mi fantasía la noción de que la tumba debía ser el lugar del más dulce descanso. El pensamiento vino poco a poco y discreto, de modo que pasó un tiempo antes de poder apreciarlo plenamente; pero, en el momento en que mi espíritu llegaba por fin a abrigarlo, las figuras de los jueces se desvanecieron como por arte de magia, las altas bujías se hundieron en la nada, mientras sus llamas desaparecían, y me envolvió la más negra de las tinieblas. Todas mis sensaciones fueron tragadas por el torbellino de una caída en profundidad, como la del alma en el Hades. Y luego el universo no fue más que silencio, calma y noche.

Me había desmayado, pero no puedo afirmar que hubiera perdido completamente la conciencia. No procuraré de definir lo que me quedaba de ella, y menos describirla; pero no la había perdido por completo. En el más profundo letargo, en el delirio, en el desmayo... ¡hasta la muerte, hasta la misma tumba!, no todo se pierde. O bien, no existe la inmortalidad para el hombre. Cuando brotamos del más profundo de los sopores, rompemos la tela sutil de algún sueño. Y, sin embargo, un poco más tarde (tan frágil puede haber sido aquella tela) no nos acordamos de haber soñado. Cuando volvemos a la vida después de un desmayo, pasamos por dos momentos: primero, el del sentimiento de la existencia mental o espiritual; segundo, el de la existencia física. Es probable que si al llegar al segundo momento pudiéramos recordar las impresiones del primero, éstas contendrían multitud de recuerdos del abismo que se abre más atrás. Y ese abismo, ¿qué es? ¿Cómo, por lo menos, distinguir sus sombras de la tumba? Pero si las impresiones de lo que he llamado el primer momento no pueden ser recordadas por un acto de la voluntad, ¿no se presentan inesperadamente después de un largo intervalo, mientras nos maravillamos preguntándonos de dónde proceden? Aquel que nunca se ha desmayado, no descubrirá extraños palacios y caras fantásticamente familiares en las brasas del carbón; no contemplará, flotando en el aire, las melancólicas visiones que la mayoría no es capaz de ver; no meditará mientras respira el perfume de una nueva flor; no sentirá exaltarse su mente ante el sentido de una cadencia musical que jamás había llamado antes su atención.

Entre frecuentes y reflexivos esfuerzos para recordar, entre perfeccionadas luchas para apresar algún vestigio de ese estado de aparente aniquilación en el cual se había hundido mi alma, ha habido momentos en que he vislumbrado el triunfo; breves, brevísimos períodos en que pude evocar recuerdos que, a la luz de mi lucidez posterior, sólo podían referirse a aquel momento de aparente inconsciencia. Esas sombras de recuerdo me expresan, borrosamente, altas siluetas que me alzaron y me llevaron en silencio, descendiendo... descendiendo... siempre descendiendo... hasta que un horrible mareo me oprimió a la sola idea de lo interminable de ese descenso. También evocan el vago horror que sentía mi corazón, precisamente a causa de la monstruosa calma que me invadía. Viene luego una sensación de súbita inmovilidad que invade todas las cosas, como si aquellos que me llevaban (¡atroz cortejo!) hubieran superado en su descenso los límites de lo ilimitado y descansaran de la fatiga de su tarea. Después de esto viene a la mente como un desagrado y humedad, y luego, todo es locura —la locura de un recuerdo que se afana entre cosas prohibidas.

Súbitamente, el movimiento y el sonido ganaron otra vez mi espíritu: el tumultuoso movimiento de mi corazón y, en mis oídos, el sonido de su latir. Transcurrió una pausa, en la que todo era confuso. Otra vez sonido, movimiento y tacto —una sensación de hormigueo en todo mi cuerpo—. Y luego la mera conciencia de existir, sin pensamiento; algo que duró largo tiempo. De pronto, bruscamente, el pensamiento, un espanto estremecedor y el esfuerzo más intenso por comprender mi verdadera situación. A esto sucedió un profundo deseo de recaer en la insensibilidad. Otra vez un violento revivir del espíritu y un esfuerzo por moverme, hasta lograrlo. Y entonces el recuerdo vívido del proceso, los jueces, las colgaduras negras, la sentencia, la náusea, el desmayo. Y total olvido de lo que siguió, de todo lo que tiempos posteriores, y un obstinado esfuerzo, me han permitido vagamente recordar.

Hasta ese momento no había abierto los ojos. Sentí que yacía de espaldas y que no estaba atado. Prolongué la mano, que cayó pesadamente sobre algo húmedo y duro. La dejé allí algún tiempo, mientras trataba de imaginarme dónde me encontraba y qué era de mí. Anhelaba abrir los ojos, pero no me atrevía, porque me espantaba esa primera mirada a los objetos que me rodeaban. No es que temiera contemplar cosas horribles, pero me horrorizaba la posibilidad de que no hubiese nada que ver. Por fin, lleno de cruel angustia mi corazón, abrí de golpe los ojos, y mis peores suposiciones se confirmaron. Me envolvía la tiniebla de una noche eterna. Luché por respirar; lo intenso de aquella oscuridad parecía oprimirme y sofocarme. La atmósfera era de una intolerable pesadez. Me quedé inmóvil, esforzándome por razonar. Evoqué el proceso de la Inquisición, buscando deducir mi verdadera situación a partir de ese punto. La sentencia había sido pronunciada; tenía la impresión de que desde entonces había transcurrido largo tiempo. Pero ni siquiera por un momento me consideré verdaderamente muerto. Semejante suposición, no obstante lo que leemos en los relatos ficticios, es por completo incompatible con la verdadera existencia. Pero, ¿dónde y en qué situación me encontraba? Sabía que, por lo regular, los condenados morían en un auto de fe, y uno de éstos acababa de realizarse la misma noche de mi proceso. ¿Me habrían restituido a mi calabozo a la espera del próximo sacrificio, que no se cumpliría hasta varios meses más tarde? Al punto vi que era imposible. En aquel momento había una demanda inmediata de víctimas. Y, además, mi calabozo, como todas las celdas de los condenados en Toledo, tenía piso de piedra y la luz no había sido completamente suprimida.

Una terrible idea hizo que la sangre se agolpara a torrentes en mi corazón, y por un breve instante recaí en la insensibilidad. Cuando me repuse, temblando convulsivamente, me levanté y tendí desatinadamente los brazos en todas direcciones. No sentí nada, pero no me atrevía a dar un solo paso, por temor de que me lo impidieran las paredes de una tumba. Brotaba el sudor por todos mis poros y tenía la frente empapada de gotas heladas. Pero la agonía de la incertidumbre terminó por volverse intolerable, y cautelosamente me volví adelante, con los brazos tendidos, desorbitados los ojos en el deseo de captar el más frágil rayo de luz. Anduve así unos cuantos pasos, pero todo seguía siendo tiniebla y vacío. Respiré con mayor libertad; por lo menos parecía evidente que mi destino no era el más espantoso de todos.

Pero entonces, mientras continuaba avanzando precavidamente, resonaron en mi recuerdo los mil vagos rumores de las cosas horribles que ocurrían en Toledo. Cosas extrañas se contaban sobre los calabozos; cosas que yo había tomado por invenciones, pero que no por eso eran menos extrañas y demasiado horrorosas para ser repetidas, salvo en voz baja. ¿Me dejarían morir de hambre en este subterráneo mundo de tiniebla, o quizá me aguardaba un destino todavía peor? Demasiado conocía yo el carácter de mis jueces para dudar de que el resultado sería la muerte, y una muerte mucho más amarga que la habitual. Todo lo que me preocupaba y me enloquecía era la forma y la hora de dicha muerte.

Mis manos extendidas tocaron, por fin, un obstáculo sólido. Era un muro, probablemente de piedra, sumamente liso, viscoso y frío. Me puse a seguirlo, avanzando con toda la desconfianza que antiguos relatos me habían inspirado. Pero esto no me daba oportunidad de asegurarme de las dimensiones del calabozo, ya que daría toda la vuelta y retornaría al lugar de partida sin advertirlo, hasta tal punto era uniforme y lisa la pared. Busqué, pues, el cuchillo que llevaba conmigo cuando me condujeron a las cámaras inquisitoriales; había desaparecido, y en lugar de mis ropas tenía puesto un sayo de burda estameña. Había pensado hundir la hoja en alguna juntura de la mampostería, a fin de identificar mi punto de partida. Pero, de todos modos, la dificultad carecía de importancia, aunque en el desorden de mi mente me pareció insuperable en el primer momento. Arranqué un pedazo del ruedo del sayo y lo puse bien extendido y en ángulo recto con respecto al muro. Luego de palpar toda la vuelta de mi celda, no dejaría de encontrar el jirón al completar el circuito. Tal es lo que, por lo menos, pensé, pues no había contado con el tamaño del calabozo y con mi debilidad. El suelo era húmedo y resbaladizo. Avancé, titubeando, un trecho, pero luego tropecé y caí. Mi excesiva fatiga me indujo a permanecer postrado y el sueño no tardó en dominarme.

Al despertar y extender un brazo encontré junto a mí un pan y un cántaro de agua. Estaba demasiado fatigado para reflexionar acerca de esto, pero comí y bebí ávidamente. Poco después restablecí mi vuelta al calabozo y con mucho trabajo llegué, por fin, al pedazo de estameña. Hasta el momento de caer al suelo había contado cincuenta y dos pasos, y al restablecer mí vuelta otros cuarenta y ocho, hasta llegar al trozo de género. Había, pues, un total de cien pasos. Contando una yarda por cada dos pasos, calculé que el calabozo tenía un circuito de cincuenta yardas. No obstante, había encontrado numerosos ángulos de pared, de manera que no podía figurarme una idea clara de la forma de la cripta, a la que llamo así pues no podía impedirme pensar que lo era.

Poca finalidad y menos esperanza tenían estas investigaciones, pero una vaga curiosidad me impulsaba a continuarlas. Apartándome de la pared, resolví cruzar el calabozo por uno de sus diámetros. Avancé al principio con suma precaución, pues aunque el piso parecía de un material sólido, era peligrosamente resbaladizo a causa del limo. Cobré ánimo, sin embargo, y terminé caminando con firmeza, esforzándome por continuar una línea lo más recta posible. Había avanzado diez o doce pasos en esta forma cuando el ruedo desgarrado del sayo se me enredó en las piernas. Tambaleando, caí violentamente de bruces.

En la confusión que siguió a la caída no reparé en un sorprendente detalle que, pocos segundos más tarde, y cuando aún yacía boca abajo, reclamó mi atención. Helo aquí: tenía el mentón apoyado en el piso del calabozo, pero mis labios y la parte superior de mi cara, que aparentemente debían encontrarse a un nivel inferior al de la mandíbula, no se apoyaba en nada. Al mismo tiempo me pareció que bañaba mi frente un vapor viscoso, y el olor característico de los hongos podridos penetró en mis fosas nasales. Tendí un brazo y me estremecí al descubrir que me había desplomado exactamente al borde de un pozo circular, cuya profundidad me era imposible descubrir por el momento. Tanteando en la mampostería que bordeaba el pozo logré desprender un menudo fragmento y lo tiré al abismo. Durante largos segundos escuché cómo repercutía al golpear en su descenso las paredes del pozo; hubo por fin un chapoteo en el agua, al cual sucedieron sonoros ecos. En ese mismo instante oí un sonido semejante al de abrirse y cerrarse rápidamente una puerta en lo alto, mientras un débil rayo de luz cruzaba instantáneamente la tiniebla y volvía a desvanecerse con la misma precipitación.

Comprendí claramente el destino que me habían preparado y me felicité de haber huido a tiempo gracias al oportuno accidente. Un paso más antes de mi caída y el mundo no hubiera vuelto a saber de mí. La muerte a la que acababa de escapar tenía justamente las características que yo había rechazado como fabulosas y antojadizas en los relatos que circulaban acerca de la Inquisición. Para las víctimas de su tiranía se reservaban dos especies de muerte: una llena de horrorosos sufrimientos físicos, y otra acompañada de sufrimientos morales todavía más atroces. Yo estaba predestinado a esta última. Mis largos padecimientos me habían desequilibrado los nervios, al punto que bastaba el sonido de mi propia voz para hacerme temblar, y por eso constituía en todo sentido el sujeto ideal para la clase de torturas que me aguardaban.

Estremeciéndome de pies a cabeza, me arrastré hasta volver a tocar la pared, resuelto a perecer allí antes que arriesgarme otra vez a los horrores de los pozos —ya que mi imaginación concebía ahora más de uno— situados en distintos lugares del calabozo. De haber tenido otro estado de ánimo, tal vez me hubiera alcanzado el coraje para acabar de una vez con mis desgracias precipitándome en uno de esos abismos; pero había llegado a convertirme en el peor de los cobardes. Y tampoco podía olvidar lo que había leído sobre esos pozos, esto es, que su horrible disposición impedía que la vida se extinguiera de golpe.

La agitación de mi espíritu me mantuvo despierto durante largas horas, pero finalmente acabé por adormecerme. Cuando desperté, otra vez había a mi lado un pan y un cántaro de agua. Me consumía una sed ardiente y de un solo trago vacié el jarro. El agua debía contener alguna droga, pues apenas la hube bebido me sentí irresistiblemente adormilado. Un profundo sueño cayó sobre mí, un sueño como el de la muerte. No sé, en verdad, cuánto duró, pero cuando volví a abrir los ojos los objetos que me rodeaban eran visibles. Gracias a un resplandor sulfuroso, cuyo origen me fue imposible determinar al principio, pude contemplar la extensión y el aspecto de mi cárcel.

Mucho me había equivocado sobre su tamaño. El circuito completo de los muros no pasaba de unas veinticinco yardas. Durante unos minutos, esto me llenó de una vana preocupación. Vana, sí, pues nada podía tener menos importancia, en las terribles circunstancias que me rodeaban, que las simples dimensiones del calabozo. Pero mi espíritu se interesaba extrañamente en nimiedades y me esforcé por descubrir el error que había podido cometer en mis medidas. Por fin se me reveló la verdad. En la primera tentativa de exploración había contado cincuenta y dos pasos hasta el momento en que caí al suelo. Sin duda, en ese instante me encontraba a uno o dos pasos del jirón de estameña, es decir, que había cumplido casi completamente la vuelta del calabozo. Al despertar de mi sueño debí emprender el camino en dirección contraria, es decir, volviendo sobre mis pasos, y así fue cómo supuse que el circuito medía el doble de su verdadero tamaño. La confusión de mi mente me impidió reparar entonces que había empezado mi vuelta teniendo la pared a la izquierda y que la terminé teniéndola a la derecha. También me había engañado sobre la forma del calabozo. Al tantear las paredes había encontrado numerosos ángulos, deduciendo así que el lugar presentaba una gran irregularidad. ¡Tan potente es el efecto de las tinieblas sobre alguien que despierta de la letargia o del sueño! Los ángulos no eran más que unas ligeras depresiones o entradas a diferentes intervalos. Mi prisión tenía forma cuadrada. Lo que había tomado por mampostería resultaba ser hierro o algún otro metal, cuyas enormes planchas, al unirse y soldarse, ocasionaban las depresiones. La entera superficie de esta celda metálica aparecía toscamente pintarrajeada con todas las horrendas y repugnantes imágenes que la sepulcral superstición de los monjes había sido capaz de concebir. Las figuras de demonios amenazantes, de esqueletos y otras imágenes todavía más terribles recubrían y desfiguraban los muros. Reparé en que las siluetas de aquellas monstruosidades estaban bien delineadas, pero que los colores parecían borrosos y vagos, como si la humedad de la atmósfera los hubiese afectado. Advertí asimismo que el suelo era de piedra. En el centro se abría el pozo circular de cuyas fauces, abiertas como si bostezara, acababa de escapar; pero no había ningún otro en el calabozo.

Vi todo esto sin mucho detalle y con gran trabajo, pues mi situación había cambiado grandemente en el curso de mi letargo. Yacía ahora de espaldas, completamente estirado, sobre una especie de bastidor de madera. Estaba firmemente amarrado por una larga banda que parecía un cíngulo. Pasaba, dando muchas vueltas, por mis miembros y mi cuerpo, dejándome solamente en libertad la cabeza y el brazo derecho, que con gran trabajo podía extender hasta los alimentos, colocados en un plato de barro a mi alcance. Para mayor espanto, vi que se habían llevado el cántaro de agua. Y digo espanto porque la más intolerable sed me consumía. Por lo visto, la intención de mis torturadores era estimular esa sed, pues la comida del plato consistía en carne sumamente condimentada.

Mirando hacia arriba observé el techo de mi prisión. Tendría unos treinta o cuarenta pies de alto, y su construcción se asemejaba a la de los muros. En uno de sus paneles aparecía una extraña figura que se apoderó por completo de mi atención. La pintura representaba al Tiempo tal como se lo suele figurar, salvo que, en vez de guadaña, tenía lo que me pareció la pintura de un pesado péndulo, semejante a los que vemos en los relojes antiguos. Algo, sin embargo, en la apariencia de aquella imagen me movió a observarla con más detalle. Mientras la miraba directamente de abajo hacia arriba (pues se encontraba situada exactamente sobre mí) tuve la impresión de que se movía. Un segundo después esta impresión se confirmó. La oscilación del péndulo era breve y, naturalmente, lenta. Lo observé durante un rato con más perplejidad que temor.

Cansado, al fin, de contemplar su monótono movimiento, volví los ojos a los restantes objetos de la celda.

Un ligero ruido atrajo mi atención y, mirando hacia el piso, vi cruzar algunas enormes ratas. Habían salido del pozo, que se encontraba al alcance de mi vista sobre la derecha. Aún entonces, mientras las miraba, siguieron saliendo en cantidades, presurosas y con ojos famélicos atraídas por el olor de la carne. Me dio mucho trabajo ahuyentarlas del plato de comida.

Habría pasado una media hora, quizá una hora entera —pues sólo tenía una noción imperfecta del tiempo—, antes de volver a fijar los ojos en lo alto. Lo que entonces vi me confundió y me llenó de pasmo. La carrera del péndulo había aumentado, aproximadamente, en una yarda. Como consecuencia natural, su velocidad era mucho más grande. Pero lo que me perturbó fue la idea de que el péndulo había descendido perceptiblemente. Advertí ahora —y es inútil agregar con cuánto horror— que su extremidad inferior estaba constituida por una media luna de reluciente acero, cuyo largo de punta a punta alcanzaba a un pie. Aunque afilado como una navaja, el péndulo parecía macizo y pesado, y desde el filo se iba ensanchando hasta rematar en una ancha y sólida masa. Hallábase fijo a un pesado vástago de bronce y todo el mecanismo silbaba al balancearse en el aire.

Ya no me era posible dudar del destino que me había preparado el ingenio de los monjes para la tortura. Los agentes de la Inquisición habían advertido mi descubrimiento del pozo. El pozo, sí, cuyos horrores estaban destinados a un recusante tan obstinado como yo; el pozo, símbolo típico del infierno, última Thule de los castigos de la Inquisición, según los rumores que corrían. Por el más casual de los accidentes había evitado caer en el pozo y bien sabía que la sorpresa, la brusca precipitación en los tormentos, constituían una parte importante de las grotescas muertes que tenían lugar en aquellos calabozos. No habiendo caído en el pozo, el demoniaco plan de mis verdugos no contaba con precipitarme por la fuerza, y por eso, ya que no quedaba otra alternativa, me esperaba ahora un final diferente y más apacible. ¡Más apacible! Casi me sonreí en medio del espanto al pensar en semejante aplicación de la palabra.

¿De qué vale hablar de las largas, largas horas de un horror más que mortal, durante las cuales conté las zumbantes oscilaciones del péndulo? Pulgada a pulgada, con un descenso que sólo podía apreciarse después de intervalos que parecían siglos... más y más íbase acercando. Pasaron días —puede ser que hayan pasado muchos días— antes de que oscilara tan cerca de mí que parecía abanicarme con su acre aliento. El olor del afilado acero penetraba en mis sentidos... Supliqué, fatigando al cielo con mis ruegos, para que el péndulo descendiera más velozmente. Me volví loco, me sulfuré e hice todo lo posible por enderezarme y quedar en el camino de la horrible cimitarra. Y después caí en una repentina calma y me mantuve inmóvil, sonriendo a aquella brillante muerte como un niño a un bonito juguete.

Continuó otro intervalo de total insensibilidad. Fue breve, pues al resbalar otra vez en la vida noté que no se había producido ningún descenso perceptible del péndulo. Podía, sin embargo, haber durado mucho, pues bien sabía que aquellos demonios estaban al tanto de mi desmayo y que podían haber detenido el péndulo a su gusto. Al despertarme me sentí inexpresablemente enfermo y débil, como después de una prolongada inanición. Aun en la agonía de aquellas horas la naturaleza humana ansiaba alimento. Con un penoso esfuerzo alargué el brazo izquierdo todo lo que me lo permitían mis ataduras y me apoderé de una pequeña cantidad que habían dejado las ratas. Cuando me llevaba una porción a los labios pasó por mi mente un pensamiento apenas esbozado de alegría... de esperanza. Pero, ¿qué tenía yo que ver con la esperanza? Era aquél, como digo, un pensamiento apenas formado; muchos así tiene el hombre que no llegan a completarse jamás. Sentí que era de alegría, de esperanza; pero sentí al mismo tiempo que acababa de extinguirse en plena elaboración. Vanamente luché por alcanzarlo, por recobrarlo. El prolongado sufrimiento había aniquilado casi por completo mis facultades mentales ordinarias. No era más que un imbécil, un idiota.

La oscilación del péndulo se cumplía en ángulo recto con mi cuerpo extendido. Vi que la media luna estaba orientada de manera de cruzar la zona del corazón. Desgarraría la estameña de mi sayo..., retornaría para repetir la operación... otra vez..., otra vez... A pesar de su carrera terriblemente amplia (treinta pies o más) y la sibilante violencia de su descenso, capaz de romper aquellos muros de hierro, todo lo que haría durante varios minutos sería cortar mi sayo. A esa altura de mis pensamientos debí de hacer una pausa, pues no me atrevía a extender mi reflexión. Me mantuve en ella, pertinazmente fija la atención, como si al hacerlo pudiera detener en ese punto el descenso de la hoja de acero. Me obligué a meditar acerca del sonido que haría la media luna cuando pasara cortando el género y la especial sensación de estremecimiento que produce en los nervios el roce de una tela. Pensé en todas estas frivolidades hasta el límite de mi resistencia.

Bajaba... seguía bajando suavemente. Sentí un frenético placer en comparar su velocidad lateral con la del descenso. A la derecha... a la izquierda... hacia los lados, con el aullido de un espíritu maldito... hacia mi corazón, con el paso sigiloso del tigre. Sucesivamente reí a carcajadas y clamé, según que una u otra idea me dominara.

Bajaba... ¡Seguro, incansable, bajaba! Ya pasaba vibrando a tres pulgadas de mi pecho. Luché con violencia, furiosamente, para soltar mi brazo izquierdo, que sólo estaba libre a partir del codo. Me era posible llevar la mano desde el plato, puesto a mi lado, hasta la boca, pero no más allá. De haber roto las ataduras arriba del codo, hubiera tratado de detener el péndulo. ¡Pero lo mismo hubiera sido pretender atajar un alud!

Bajaba... ¡Sin cesar, inevitablemente, bajaba! Luché, jadeando, a cada oscilación. Me encogía convulsivamente a cada paso del péndulo. Mis ojos continuaban su carrera hacia arriba o abajo, con la ansiedad de la más inexpresable desesperación; mis párpados se cerraban espasmódicamente a cada descenso, aunque la muerte hubiera sido para mí un alivio, ¡ah, inefable! Pero cada uno de mis nervios se estremecía, sin embargo, al pensar que el más pequeño deslizamiento del mecanismo precipitaría aquel reluciente, afilado eje contra mi pecho. Era la esperanza la que hacía estremecer mis nervios y contraer mi cuerpo. Era la esperanza, esa esperanza que triunfa aún en el potro del suplicio, que susurra al oído de los condenados a muerte hasta en los calabozos de la Inquisición.

Vi que después de diez o doce oscilaciones el acero se pondría en contacto con mi ropa, y en el mismo momento en que hice esa observación invadió mi espíritu toda la penetrante calma concentrada de la desesperación. Por primera vez en muchas horas —quizá días— me puse a pensar. Asistió a mi mente la noción de que la banda o cíngulo que me ataba era de una sola pieza. Mis ligaduras no estaban constituidas por cuerdas separadas. El primer roce de la afiladísima media luna sobre cualquier porción de la banda bastaría para soltarla, y con ayuda de mi mano izquierda podría desatarme del todo. Pero, ¡cuán terrible, en ese caso, la proximidad del acero! ¡Cuán letal el resultado de la más leve lucha! Y luego, ¿era verosímil que los esbirros del torturador no hubieran previsto y prevenido esa posibilidad? ¿Cabía pensar que la atadura cruzara mi pecho en el justo lugar por donde pasaría el péndulo? Temeroso de descubrir que mi débil y, al parecer, postrera esperanza se frustraba, levanté la cabeza lo bastante para distinguir con claridad mi pecho. El cíngulo envolvía mis miembros y mi cuerpo en todas direcciones, salvo en el lugar por donde pasaría el péndulo.

Apenas había dejado caer hacia atrás la cabeza cuando relampagueó en mi mente algo que sólo puedo describir como la informe mitad de aquella idea de liberación a que he aludido previamente y de la cual sólo una parte flotaba inciertamente en mi mente cuando llevé la comida a mis ardientes labios. Mas ahora el pensamiento completo estaba presente, débil, apenas sensato, apenas definido... pero entero. Inmediatamente, con la nerviosa energía de la desesperación, procedí a ejecutarlo.

Durante horas y horas, cantidad de ratas habían pululado en la vecindad inmediata del armazón de madera sobre el cual me encontraba. Aquellas ratas eran salvajes, audaces, famélicas; sus rojas pupilas me miraban centelleantes, como si esperaran verme inmóvil para convertirme en su presa. « ¿A qué alimento —pensé— las han acostumbrado en el pozo?» A pesar de todos mis esfuerzos por frenarlo, ya habían devorado el contenido del plato, salvo unas pocas sobras. Mi mano se había agitado como un abanico sobre el plato; pero, a la larga, la regularidad del movimiento le hizo perder su efecto. En su voracidad, las odiosas bestias me clavaban sus afiladas garras en los dedos. Tomando los fragmentos de la aceitosa y especiada carne que quedaba en el plato, froté con ellos mis ataduras allí donde era posible alcanzarlas, y después, apartando mi mano del suelo, permanecí completamente inmóvil, conteniendo el aliento.

Los hambrientos animales se sintieron primeramente aterrados y sorprendidos por el cambio... la cesación de movimiento. Retrocedieron llenos de alarma, y muchos se refugiaron en el pozo. Pero esto no duró más que un instante. No en vano había yo contado con su voracidad. Al notar que seguía sin moverme, una o dos de las más atrevidas saltaron al bastidor de madera y olfatearon el cíngulo. Esto fue como la señal para que todas avanzaran. Salían del pozo, corriendo en renovados contingentes. Se colgaron de la madera, corriendo por ella y saltaron a centenares sobre mi cuerpo. El acompasado movimiento del péndulo no las molestaba para nada. Evitando sus golpes, se precipitaban sobre las untadas ligaduras. Se apretaban, pululaban sobre mí en cantidades cada vez más grandes. Se retorcían cerca de mi garganta; sus fríos hocicos buscaban mis labios. Yo me sentía ahogar bajo su creciente peso; un asco para el cual no existe nombre en este mundo llenaba mi pecho y helaba con su espesa viscosidad mi corazón. Un minuto más, sin embargo, y la lucha terminaría. Con toda claridad percibí que las ataduras se aflojaban. Me di cuenta de que debían de estar rotas en más de una parte. Pero, con una resolución que excedía lo humano, me mantuve inmóvil.

No había errado en mis cálculos ni sufrido tanto inútilmente. Por fin, sentí que estaba libre. El cíngulo colgaba en tiras a los lados de mi cuerpo. Pero ya el paso del péndulo alcanzaba mi pecho. Había dividido la estameña de mi sayo y cortaba ahora la tela de la camisa. Dos veces más pasó sobre mí, y un agudísimo dolor recorrió mis nervios. Pero el momento de escapar había llegado. Apenas agité la mano, mis libertadoras huyeron en tumulto. Con un movimiento regular, cauteloso, y encogiéndome todo lo posible, me deslicé, lentamente, fuera de mis ligaduras, más allá del alcance de la cimitarra. Por el momento, al menos, estaba libre.

Libre... ¡y en las garras de la Inquisición! Apenas me había apartado de aquel lecho de espanto para ponerme de pie en el piso de piedra, cuando cesó el movimiento de la diabólica máquina, y la vi subir, movida por una fuerza invisible, hasta desaparecer más allá del techo. Aquello fue una lección que debí tomar desesperadamente a pecho. Indudablemente espiaban cada uno de mis movimientos. ¡Libre! Apenas si había escapado de la muerte bajo la forma de una tortura, para ser entregado a otra que sería peor aún que la misma muerte. Pensando en eso, paseé nerviosamente los ojos por las barreras de hierro que me encerraban. Algo insólito, un cambio que, al principio, no me fue posible apreciar claramente, se había producido en el calabozo. Durante largos minutos, sumido en una temblorosa y vaga abstracción me perdí en vanas y deshilvanadas conjeturas. En estos momentos pude advertir por primera vez el origen de la sulfurosa luz que iluminaba la celda. Procedía de una fisura de media pulgada de ancho, que rodeaba por completo el calabozo al pie de las paredes, las cuales parecían —y en realidad estaban— completamente separadas del piso. A pesar de todos mis esfuerzos, me fue imposible ver nada a través de la abertura.

Al ponerme otra vez de pie comprendí de repente el enigma del cambio que había advertido en la celda. Ya he dicho que, si bien las siluetas de las imágenes pintadas en los muros eran suficientemente claras, los colores parecían borrosos e indefinidos. Pero ahora esos colores habían tomado un brillo intenso y sorprendente, que crecía más y más y daba a aquellas espectrales y diabólicas imágenes un aspecto que hubiera quebrantado nervios más resistentes que los míos. Ojos demoniacos, de una salvaje y aterradora vida, me contemplaban fijamente desde mil direcciones, donde ninguno había sido antes visible, y brillaban con el cárdeno resplandor de un fuego que mi imaginación no alcanzaba a concebir como irreal.

¡Irreal...! Al respirar llegó a mis narices el olor característico del vapor que brotaba del hierro recalentado... Aquel olor sofocante invadía más y más la celda... Los sangrientos horrores representados en las paredes empezaron a ponerse rojos... Yo jadeaba, tratando de respirar. Ya no me cabía duda sobre la intención de mis torturadores. ¡Ah, los más implacables, los más demoniacos entre los hombres! Corrí hacia el centro de la celda, alejándome del metal ardiente. Al encarar en mi pensamiento la horrible destrucción que me aguardaba, la idea de la frescura del pozo invadió mi alma como un bálsamo. Corrí hasta su borde mortal. Esforzándome, miré hacia abajo. El resplandor del ardiente techo iluminaba sus más recónditos huecos. Y, sin embargo, durante un horrible instante, mi espíritu se negó a comprender el sentido de lo que veía. Pero, al fin, ese sentido se abrió paso, avanzó poco a poco hasta mi alma, hasta arder y consumirse en mi estremecida razón. ¡Oh, poder expresarlo! ¡Oh espanto! ¡Todo... todo menos eso! Con un clamor, salté hacia atrás e introduje mi cara en las manos, sollozando amargamente.

El calor crecía rápidamente, y una vez más miré a lo alto, temblando como en un ataque de calentura. Un segundo cambio acababa de producirse en la celda..., y esta vez el cambio tenía que ver con la forma. Al igual que antes, fue inútil que me esforzara por apreciar o entender inmediatamente lo que estaba ocurriendo. Pero mis dudas no duraron mucho. La venganza de la Inquisición se aceleraba después de mi doble escapatoria, y ya no habría más pérdida de tiempo por parte del Rey de los Espantos. Hasta entonces mi celda había sido cuadrada. De pronto vi que dos de sus ángulos de hierro se habían vuelto agudos, y los otros dos, por consiguiente, obtusos. La horrible diferencia se acentuaba rápidamente, con un resonar profundo y quejumbroso. En un instante el calabozo cambió su forma por la de un rombo. Pero el cambio no se detuvo allí, y yo no esperaba ni deseaba que se detuviera. Podría haber pegado mi pecho a las rojas paredes, como si fueran vestiduras de eterna paz. «¡La muerte!» —clamé—. «¡Cualquier muerte, menos la del pozo!» ¡Insensato! ¿Acaso no era evidente que aquellos hierros al rojo tenían por objeto precipitarme en el pozo? ¿Podría acaso resistir su fuego? Y si lo resistiera, ¿cómo oponerme a su presión? El rombo se iba achatando más y más, con una rapidez que no me dejaba tiempo para mirar. Su centro y, por tanto, su diámetro mayor llegaba ya sobre el abierto abismo. Me eché hacia atrás, pero las movientes paredes me obligaban irresistiblemente a avanzar. Por fin no hubo ya en el piso del calabozo ni una pulgada de asidero para mi chamuscado y convulso cuerpo. Cesé de luchar, pero la agonía de mi alma se expresó en un agudo, prolongado clamor final de desesperación. Sentí que me tambaleaba al borde del pozo... Extravié la mirada...

¡Y oí un discordante clamoreo de voces humanas! ¡Resonó poderoso un toque de trompetas! ¡Escuché un áspero chirriar semejante al de mil truenos! ¡Las terribles paredes retrocedieron! Una mano tendida sujetó mi brazo en el instante en que, desmayado, me precipitaba al abismo. Era la del general Lasalle. El ejército francés acababa de entrar en Toledo. La Inquisición estaba en poder de sus enemigos.

Ligeia

Juro por mi alma que no puedo recordar cómo, cuándo ni siquiera dónde conocí a Ligeia. Largos años han transcurrido desde entonces y el sufrimiento ha debilitado mi memoria. O quizá no puedo evocar ahora aquellas cosas porque, a decir verdad, el carácter de mi amada, su increíble saber, su belleza singular y, sin embargo, plácida, y la penetrante y cautivadora elocuencia de su voz profunda y musical, se abrieron camino en mi corazón con pasos tan constantes, tan cautelosos, que me pasaron inadvertidos e ignorados. No obstante, creo haberla conocido y visto, las más de las veces, en una vasta, ruinosa ciudad cerca del Rin. Probablemente le oí hablar de su familia. No cabe duda de que su estirpe era remota. ¡Ligeia, Ligeia! Sumido en estudios que, por su índole, pueden como ninguno amortiguar las impresiones del mundo exterior, sólo por esta dulce palabra, Ligeia, acude a los ojos de mi fantasía la imagen de aquella que ya no existe. Y ahora, mientras escribo, me asalta como un rayo el recuerdo de que nunca supe el apellido de quien fuera mi amiga y prometida, luego compañera de estudios y, por último, la esposa de mi corazón. ¿Fue por una amable orden de parte de mi Ligeia o para poner a prueba la fuerza de mi afecto, que me estaba vedado indagar sobre ese punto? ¿O fue más bien un capricho mío, una loca y romántica ofrenda en el altar de la devoción más apasionada? Sólo recuerdo confusamente el hecho. ¿Es de extrañarse que haya olvidado por completo los eventos que lo originaron y lo acompañaron? Y en verdad, si alguna vez ese espíritu al que llaman Romance, si alguna vez la pálida Ashtophet del Egipto idólatra, con sus alas tenebrosas, han regido, como dicen, los matrimonios fatídicos, seguramente presidieron el mío.

Hay un punto muy costoso en el cual, sin embargo, mi memoria no falla. Es la persona de Ligeia. Era de alta estatura, un poco delgada y, en sus últimos tiempos, casi deshecha. Sería vano intentar la descripción de su majestad, la tranquila soltura de su porte o la inconcebible ligereza y elasticidad de su paso. Entraba y salía como una sombra. Nunca advertía yo su aparición en mi cerrado gabinete de trabajo de no ser por la amada música de su voz dulce, profunda, cuando posaba su mano marmórea sobre mi hombro. Ninguna mujer igualó la belleza de su rostro. Era el esplendor de un sueño de opio, una visión aérea y arrebatadora, más extrañamente divina que las fantasías que revoloteaban en las almas adormecidas de las hijas de Delos. Sin embargo, sus facciones no tenían esa regularidad que falsamente nos han enseñado a adorar en las obras clásicas del paganismo. "No hay belleza exquisita —dice Bacon, Verulam, refiriéndose con justeza a todas las formas y géneros de la hermosura— sin algo de extraño en las proporciones." No obstante, aunque yo veía que las facciones de Ligeia no eran de una regularidad clásica, aunque sentía que su hermosura era, en verdad, "exquisita" y percibía mucho de "extraño" en ella, en vano intenté descubrir la irregularidad y rastrear el origen de mi percepción de lo "extraño". Examiné el contorno de su frente alta, pálida: era impecable —¡qué fría en verdad esta palabra aplicada a una majestad tan divina!— por la piel, que rivalizaba con el marfil más puro, por la imponente amplitud y la calma, la noble prominencia de las regiones superciliares; y luego los cabellos, como ala de cuervo, lustrosos, exuberantes y naturalmente rizados, que demostraban toda la fuerza del epíteto homérico: "cabellera de jacinto". Miraba el delicado diseño de la nariz y sólo en los graciosos medallones de los hebreos he visto una perfección semejante. Tenía la misma superficie plena y suave, la misma tendencia casi imperceptible a ser aguileña, las mismas aletas armoniosamente curvas, que revelaban un espíritu libre. Contemplaba la dulce boca. Allí estaba en verdad el triunfo de todas las cosas celestiales: la magnífica concavidad del breve labio superior, la suave, voluptuosa calma del inferior, los hoyuelos juguetones y el color expresivo; los dientes, que reflejaban con un brillo casi sorprendente los rayos de la luz bendita que caían sobre ellos en la más serena y plácida y, sin embargo, radiante, triunfal de todas las sonrisas. Examinaba la forma del mentón y también aquí encontraba la noble amplitud, la suavidad y la majestad, la plenitud y la espiritualidad de los griegos, el contorno que el dios Apolo reveló tan sólo en sueños a Cleomenes, el hijo del ateniense. Y entonces me asomaba a los grandes ojos de Ligeia.

Para los ojos no tenemos modelos en la remota antigüedad. Quizá fuera, también, que en los de mi amada yacía el secreto al cual sugiere Verulam. Eran, creo, más grandes que los ojos comunes de nuestra raza, más que los de las gacelas de la tribu del valle de Nourjahad. Pero sólo por instantes —en los momentos de intensa excitación— se hacía más notable esta peculiaridad de Ligeia. Y en tales ocasiones su belleza —quizá la veía así mi imaginación ferviente— era la de los seres que están por encima o fuera de la tierra, la belleza de la fabulosa hurí de los turcos. Los ojos eran del negro más brillante, velados por oscuras y largas pestañas. Las cejas, de diseño levemente irregular, eran del mismo color. Sin embargo, lo "extraño" que encontraba en sus ojos era independiente de su forma, del color, del brillo, y debía atribuirse, al cabo, a la expresión. ¡Ah, palabra sin sentido tras cuya vasta latitud de simple sonido se atrinchera nuestra ignorancia de lo espiritual! La expresión de los ojos de Ligeia... ¡Cuántas horas medité sobre ella! ¡Cuántas noches de verano luché por sondearla! ¿Qué era aquello, más profundo que el pozo de Demócrito, que yacía en el fondo de las pupilas de mi amada? ¿Qué era? Me poseía la pasión de descubrirlo. ¡Aquellos ojos! ¡Aquellas grandes, aquellas brillantes, aquellas divinas pupilas! Llegaron a ser para mí las estrellas gemelas de Leda, y yo era para ellas el más fervoroso de los astrólogos.

No hay, entre las muchas anomalías incomprensibles de la ciencia psicológica, punto más atrayente, más excitante que el hecho —nunca, creo, mencionado por las escuelas— de que en nuestros intentos por traer a la memoria algo largo tiempo olvidado, con frecuencia llegamos a encontrarnos al borde mismo del recuerdo, sin poder, al fin, asirlo. Y así cuántas veces, en mi intenso examen de los ojos de Ligeia, sentí que me acercaba al conocimiento cabal de su expresión, me acercaba, aún no era mío, y al fin desaparecía por completo. Y (¡extraño, ah, el más extraño de los misterios!) encontraba en los objetos más comunes del universo un círculo de analogías con esa expresión. Quiero señalar que, después del periodo en que la belleza de Ligeia penetró en mi espíritu, donde moraba como en un altar, yo extraía de muchos objetos del mundo material un sentimiento semejante al que provocaban, dentro de mí, sus grandes y luminosas pupilas. Pero no por ello puedo definir mejor ese sentimiento, ni analizarlo, ni siquiera percibirlo con calma. Lo he reconocido a veces, repito, en una viña, que crecía rápidamente, en la contemplación de una falena, de una mariposa, de una crisálida, de un veloz curso de agua. Lo he sentido en el océano, en la caída de un meteoro. Lo he sentido en la mirada de gentes muy viejas. Y hay una o dos estrellas en el cielo (especialmente una, de sexta magnitud, doble y cambiante, que puede verse cerca de la gran estrella de Lira) que, miradas con el telescopio, me han inspirado el mismo sentimiento. Me ha colmado al escuchar ciertos sones de instrumentos de cuerda, y no pocas veces al leer pasajes de determinados libros. Entre innumerables ejemplos, recuerdo bien algo de un volumen de Joseph Glanvill que (quizá simplemente por lo insólito, ¿quién sabe?) nunca ha dejado de inspirarme ese sentimiento: "Y allí dentro está la voluntad que no muere. ¿Quién conoce los misterios de la voluntad y su fuerza? Pues Dios no es sino una gran voluntad que penetra las cosas todas por obra de su intensidad. El hombre no se somete a los ángeles, ni cede por entero a la muerte, como no sea por la flaqueza de su débil voluntad".

Los años transcurridos y las reflexiones consiguientes me han permitido inquirir cierta remota conexión entre este pasaje del moralista inglés y un aspecto del carácter de Ligeia. La intensidad de pensamiento, de acción, de palabra, era posiblemente en ella un resultado, o por lo menos un índice, de esa gigantesca voluntad que durante nuestras largas relaciones no dejó de dar otras pruebas más numerosas y evidentes de su existencia. De todas las mujeres que jamás he conocido, la exteriormente tranquila, la siempre plácida Ligeia, era presa con más violencia que nadie de los tumultuosos buitres de la dura pasión. Y no podía yo medir esa pasión como no fuese por el milagroso dilatarse de los ojos que me deleitaban y aterraban al mismo tiempo, por la melodía casi mágica, la modulación, la claridad y la placidez de su voz tan profunda, y por la salvaje energía (doblemente efectiva por contraste con su manera de pronunciarlas) con que profería habitualmente sus extrañas palabras.

He mencionado del saber de Ligeia: era inmenso, como nunca lo encontré en una mujer. Su conocimiento de las lenguas clásicas era profundo, y, en la medida de mis nociones sobre los modernos dialectos de Europa, nunca la descubrí en falta. A decir verdad, en cualquier tema de la alabada erudición académica, admirada simplemente por abstrusa, ¿descubrí alguna vez a Ligeia en falta? ¡De qué forma singular y penetrante este punto de la naturaleza de mi esposa atrajo, tan sólo en el último periodo, mi atención! Dije que sus conocimientos eran tales que jamás los encontré en otra mujer, pero, ¿dónde está el hombre que ha cruzado, y con éxito, toda la amplia extensión de las ciencias morales, físicas y metafísicas? No vi entonces lo que ahora advierto claramente: que las adquisiciones de Ligeia eran gigantescas, eran asombrosas; sin embargo, tenía suficiente conciencia de su infinita superioridad para someterme con infantil confianza a su guía en el caótico mundo de la investigación metafísica, a la cual me entregué activamente durante los primeros años de nuestro matrimonio. ¡Con qué amplio sentimiento de triunfo, con qué vivo deleite, con qué etérea esperanza sentía yo —cuando ella se entregaba conmigo a estudios poco frecuentes, poco conocidos— esa deliciosa perspectiva que se agrandaba en lenta gradación ante mí, por cuya larga y magnífica senda no pisada podía al fin alcanzar la meta de una sabiduría demasiado premiosa, demasiado divina para no ser prohibida!

¡Así, con qué punzante dolor habré visto, después de algunos años, emprender vuelo a mis bien fundadas esperanzas y desaparecer! Sin Ligeia era yo un niño a tientas en la oscuridad. Sólo su presencia, sus lecturas, podían arrojar vívida luz sobre los muchos misterios del trascendentalismo en los cuales vivíamos inmersos. Despojadas del radiante brillo de sus ojos, esas páginas, leves y doradas, tornáronse más opacas que el plomo saturnino. Y aquellos ojos brillaron cada vez con menos frecuencia sobre las páginas que yo indagaba. Ligeia cayó enferma. Los extraños ojos brillaron con un fulgor demasiado, demasiado magnífico; los pálidos dedos alcanzaron la transparencia cerúlea de la tumba y las venas azules de su alta frente latieron impetuosamente en las alternativas de la más ligera emoción. Vi que iba a morir y luché desesperadamente en espíritu con el torvo Azrael. Y las luchas de la apasionada esposa eran, para mi asombro, aún más enérgicas que las mías. Muchos rasgos de su adusto carácter me habían convencido de que para ella la muerte llegaría sin sus terrores; pero no fue así. Las palabras son impotentes para dar una idea de la fiera resistencia que enfrentó a la Sombra. Gemí de angustia ante el lamentable espectáculo. Yo hubiera querido calmar, hubiera querido razonar; pero en la intensidad de su salvaje deseo de vivir, vivir, sólo vivir, el consuelo y la razón eran el colmo de la locura. Sin embargo, hasta el último momento, en las convulsiones más violentas de su espíritu indómito, no se conmovió la placidez exterior de su actitud. Su voz se tornó más suave; más profunda, pero yo no quería demorarme en el extraño significado de las palabras pronunciadas con calma. Mi mente vacilaba al escuchar fascinada una melodía sobrehumana, conjeturas y aspiraciones que la humanidad no había conocido hasta entonces.

De su amor no podía titubear, y me era fácil comprender que, en un pecho como el suyo, el amor no reinaba como una pasión ordinaria. Pero sólo en la muerte medí toda la fuerza de su afecto. Durante largas horas, reteniendo mi mano, desplegaba ante mí los excesos de un corazón cuya devoción más que apasionada llegaba a la idolatría. ¿Cómo había merecido yo la bendición de semejantes confesiones? ¿Cómo había merecido la condena de que mi amada me fuese arrebatada en el momento en que me las hacía? Pero no puedo soportar el extenderme sobre este punto. Sólo diré que en el abandono más que femenino de Ligeia al amor, ay, inmerecido, otorgado sin ser yo digno, reconocí el principio de su ansioso, de su ardiente deseo de vida, esa vida que huía ahora tan velozmente. Soy incapaz de describir, no tengo palabras para expresar esa ansia salvaje, esa anhelante vehemencia de vivir, sólo vivir.

La medianoche en que murió me llamó perentoriamente a su lado, pidiéndome que repitiera ciertos versos que había compuesto pocos días antes. La obedecí. Helos aquí:

¡Vedla! ¡Es noche de gala
en los últimos años solitarios!
La multitud de ángeles alados,
con sus velos, en lágrimas bañados,
son público de un teatro que contempla
un drama de esperanzas y temores,
mientras toca la orquesta, indefinida,
la música sin fin de las esferas.

Imágenes del Dios que está en lo alto,
allí los mimos gruñen y musitan,

corren aquí y allá; y los apremian
vastas cosas informes
que el escenario alteran de continuo,
vertiendo de sus alas desplegadas,
un invisible, largo Sufrimiento.

¡Este múltiple drama ya jamás,
jamás será olvidado!
Con su Fantasma siempre perseguido
por una multitud que no lo alcanza,
en un círculo siempre de retorno
al lugar primitivo,
y mucho de Locura, y más Pecado,
y más Horror —el alma de la intriga.

¡Ah, ved: entre los mimos en tumulto
una forma reptante se insinúa!
¡Roja como la sangre se retuerce
en la escena desnuda!
¡Se retuerce y retuerce! Y en tormentos
los mimos son su presa,
y sus fauces destilan sangre humana,
y los ángeles lloran.

¡Apáganse las luces, todas, todas!
Y sobre cada forma estremecida
cae el telón, cortina funeraria,
con fragor de tormenta.
Y los ángeles pálidos y exangües,
ya de pie, ya sin velos, manifiestan
que el drama es el del "Hombre", y que es su héroe
el Vencedor Gusano.

—¡Oh, Dios! —gritó casi Ligeia, incorporándose de un salto y tendiendo sus brazos al cielo con un movimiento espasmódico, al terminar yo estos versos. ¡Oh, Dios! ¡Oh, Padre Celestial! ¿Estas cosas ocurrirán irremisiblemente? ¿El Vencedor no será alguna vez vencido? ¿No somos una parte, una parcela de Ti? ¿Quién, quién conoce los misterios de la voluntad y su fuerza? El hombre no se somete a los ángeles, ni cede por entero a la muerte, como no sea por la flaqueza de su débil voluntad.

Y entonces, como agotada por la emoción, dejó caer los blancos brazos y volvió solemnemente a su lecho de muerte. Y mientras lanzaba los últimos suspiros, mezclado con ellos brotó un suave murmullo de sus labios. Acerqué mi oído y distinguí de nuevo las palabras finales del pasaje de Glanvill: "El hombre no se somete a los ángeles, ni cede por entero a la muerte, como no sea por la flaqueza de su débil voluntad".

Murió; y yo, deshecho, pulverizado por el dolor, no pude soportar más la solitaria desolación de mi morada, y la sombría y ruinosa ciudad a orillas del Rin. No me faltaba lo que el mundo llama fortuna. Ligeia me había legado más, mucho más, de lo que por lo común cae en suerte a los mortales. Entonces, después de unos meses de vagabundeo tedioso, sin rumbo, adquirí y reparé en parte una abadía cuyo nombre no diré, en una de las más incultas y menos frecuentadas regiones de la hermosa Inglaterra. La sombría y triste vastedad del edificio, el aspecto casi salvaje del dominio, los numerosos recuerdos melancólicos y venerables vinculados con ambos, tenían mucho en común con los sentimientos de abandono total que me habían conducido a esa remota y huraña región del país. Sin embargo, aunque el exterior de la abadía, ruinoso, invadido de musgo, sufrió pocos cambios, me dediqué con infantil perversidad, y quizá con la débil esperanza de aliviar mis penas, a desplegar en su interior magnificencias más que reales. Siempre, aun en la infancia, había sentido gusto por esas extravagancias, y entonces volvieron como una compensación del dolor. ¡Ay, ahora sé cuánto de incipiente locura podía descubrirse en los suntuosos y fantásticos tapices, en las solemnes esculturas de Egipto, en las extrañas cornisas, en los moblajes, en los vesánicos diseños de las alfombras de oro recamado! Me había convertido en un esclavo preso en las redes del opio, y mis trabajos y mis planes cobraron el color de mis sueños. Pero no me detendré en el detalle de estos absurdos. Hablaré tan sólo de ese aposento por siempre maldito, donde en un momento de enajenación conduje al altar —como sucesora de la inolvidable Ligeia— a Rowena Trevanion de Tremaine, la de rubios cabellos y ojos azules.

No hay una sola partícula de la arquitectura y la decoración de aquella cámara nupcial que no se presente ahora ante mis ojos. ¿Dónde tenía el corazón la altiva familia de la novia para permitir, movida por su sed de oro, que una doncella, una hija tan querida, pasara el umbral de un aposento tan adornado? He dicho que recuerdo minuciosamente los detalles de la cámara —yo, que tristemente olvido cosas de profunda importancia— y, sin embargo, no había orden, no había armonía en aquel lujo fantástico, que se impusieran a mi memoria. La habitación estaba en una alta torrecilla de la abadía fortificada, era de forma pentagonal y de vastas dimensiones. Ocupaba todo el lado sur del pentágono la única ventana, un inmenso cristal de Venecia de una sola pieza y de matiz plomizo, de suerte que los rayos del sol o de la luna, al atravesarlo, caían con brillo horrible sobre los objetos. En lo alto de la inmensa ventana se extendía el enrejado de una añosa vid que trepaba por los macizos muros de la torre. El techo, de sombrío roble, era altísimo, abovedado y decorosamente decorado con los motivos más extraños, más grotescos, de un estilo semigótico, semidruídico. Del centro mismo de esa melancólica bóveda colgaba, de una sola cadena de oro de largos eslabones, un inmenso incensario del mismo metal, en estilo sarraceno, con múltiples perforaciones dispuestas de tal manera que a través de ellas, como dotadas de la vitalidad de una serpiente, veíanse las contorsiones continuas de llamas multicolores.

Había algunas otomanas y candelabros de oro de forma oriental, y también el lecho, el lecho nupcial, de modelo indio, bajo, esculpido en ébano macizo, con baldaquino como una colgadura fúnebre. En cada uno de los ángulos del aposento había un gigantesco sarcófago de granito negro proveniente de las tumbas reales erigidas frente a Luxor, con sus antiguas tapas cubiertas de inmemoriales relieves. Pero en las colgaduras del aposento se encontraba, ay, la fantasía más importante. Los elevados muros, de gigantesca altura —al punto de ser desproporcionados—, estaban cubiertos de arriba abajo, en vastos pliegues, por una pesada y espesa tapicería, tapicería de un material semejante al de la alfombra del piso, la cubierta de las otomanas y el lecho de ébano, del baldaquino y de las suntuosas volutas de los cortinajes que velaban parcialmente la ventana. Este material era el más rico tejido de oro, cubierto íntegramente, con intervalos irregulares, por arabescos en realce, de un pie de diámetro, de un negro azabache. Pero estas figuras sólo participaban de la condición de arabescos cuando se las miraba desde un determinado ángulo. Por un procedimiento hoy común, que puede en verdad rastrearse en periodos muy remotos de la antigüedad, cambiaban de aspecto. Para el que entraba en la habitación tenían la apariencia de simples monstruosidades; pero, al aproximarse, esta apariencia desaparecía gradualmente y, paso a paso, a medida que el visitante cambiaba de posición en el recinto, se veía rodeado por una infinita serie de formas horribles concernientes a la superstición de los normandos o nacidas en los sueños culpables de los monjes. El efecto fantasmagórico era grandemente intensificado por la introducción artificial de una fuerte y continua corriente de aire detrás de los tapices, la cual daba una horrenda e inquietante animación al conjunto.

Entre esos muros, en esa cámara nupcial, pasé con Rowena de Tremaine las impías horas del primer mes de nuestro matrimonio, y las pasé sin demasiada inquietud. Que mi esposa temiera la índole hosca de mi carácter, que me huyera y me amara muy poco, no podía yo pasarlo por alto; pero me causaba más placer que otra cosa. Mi memoria volaba (¡ah, con qué intensa nostalgia!) hacia Ligeia, la amada, la augusta, la hermosa, la enterrada. Me embriagaba con los recuerdos de su pureza, de su sabiduría, de su naturaleza elevada, etérea, de su amor apasionado, idólatra. Ahora mi espíritu ardía plena y libremente, con más intensidad que el suyo. En la excitación de mis sueños de opio (pues me encontraba habitualmente encadenado por los grilletes de la droga) gritaba su nombre en el silencio de la noche, o durante el día, en los sombreados retiros de los valles, como si con esa salvaje vehemencia, con la solemne pasión, con el fuego devorador de mi deseo por la desaparecida, pudiera restituirla a la senda que había abandonado —ah, ¿era posible que fuese para siempre?— en la tierra.

Al comenzar el segundo mes de nuestro matrimonio, Rowena cayó súbitamente enferma y se repuso lentamente. La fiebre que la consumía perturbaba sus noches, y en su inquieto semisueño hablaba de sonidos, de movimientos que se producían en la cámara de la torre, cuyo origen atribuí a los extravíos de su imaginación o quizá a la fantasmagórica influencia de la cámara misma. Llegó, al fin, la convalecencia y, por último, el restablecimiento total. Sin embargo, había transcurrido un breve periodo cuando un segundo trastorno más violento la arrojó a su lecho de dolor; y de este ataque, su constitución, que siempre fuera débil, nunca se reestableció del todo. Su mal, desde entonces, tuvo un carácter alarmante y una recurrencia que lo era aún más, y desafiaba el conocimiento y los grandes esfuerzos de los médicos. Con la intensificación de su mal crónico —el cual parecía haber ocupado de tal modo su constitución que era imposible desarraigarlo por medios humanos—, no pude menos de observar un aumento similar en su irritabilidad nerviosa y en su excitabilidad para el miedo motivado por causas triviales. De nuevo conversaba, y ahora con más frecuencia e insistencia, de los sonidos, de los leves sonidos y de los movimientos insólitos en las colgaduras, a los cuales aludiera en un comienzo.

Una noche, próximo el fin de septiembre, impuso a mi atención este penoso tema con más insistencia que de costumbre. Acababa de despertar de un sueño inquieto, y yo había estado observando, con un sentimiento en parte de ansiedad, en parte de vago terror, los gestos de su semblante descarnado. Me senté junto a su lecho de ébano, en una de las otomanas de la India. Se incorporó a medias y habló, con un susurro ansioso, bajo, de los sonidos que estaba oyendo y yo no podía oír, de los movimientos que estaba viendo y yo no podía percibir. El viento corría velozmente detrás de los tapices y quise mostrarle (cosa en la cual, debo decirlo, no creía yo del todo) que aquellos suspiros casi inarticulados y aquellas levísimas variaciones de las figuras de la pared eran tan sólo los naturales efectos de la habitual corriente de aire. Pero la palidez mortal que se extendió por su rostro me probó que mis esfuerzos por tranquilizarla serían infructuosos. Pareció desvanecerse y no había criados a quien recurrir. Recordé el lugar donde había un frasco de vino ligero que le habían prescrito los médicos, y crucé presuroso el aposento en su busca. Pero, al llegar bajo la luz del incensario, dos circunstancias de índole sorprendente aclamaron mi atención. Sentí que un objeto palpable, aunque invisible, rozaba levemente mi persona, y vi que en la alfombra dorada, en el centro mismo del rico resplandor que arrojaba el incensario, había una sombra, una sombra leve, indefinida, de aspecto angélico, como cabe imaginar la sombra de una sombra. Pero yo estaba perturbado por la excitación de una inmoderada dosis de opio; poco caso hice a estas cosas y no las mencioné a Rowena. Encontré el vino, crucé nuevamente la cámara y llené un vaso, que llevé a los labios de la desvanecida. Ya se había recobrado un tanto, sin embargo, y tomó el vaso en sus manos, mientras yo me dejaba caer en la otomana que tenía cerca, con los ojos fijos en su persona. Fue entonces cuando percibí claramente un paso suave en la alfombra, cerca del lecho, y un segundo después, mientras Rowena alzaba la copa de vino hasta sus labios, vi o quizá soñé que veía caer dentro del vaso, como surgida de un invisible surtidor en la atmósfera del aposento, tres o cuatro grandes gotas de fluido brillante, del color del rubí. Si yo lo vi, no ocurrió lo mismo con Rowena. Bebió el vino sin vacilar y me abstuve de hablarle de una circunstancia que, según pensé, debía considerarse como sugestión de una imaginación excitada, cuya actividad mórbida aumentaban el terror de mi mujer, el opio y la hora.

Sin embargo, no pude dejar de percibir que, inmediatamente después de la caída de las gotas color rubí, se producía una rápida agravación en el mal de mi esposa, de suerte que la tercera noche las manos de sus doncellas la prepararon para la tumba, y la cuarta la pasé solo, con su cuerpo amortajado, en aquella fantástica cámara que la recibiera recién casada. Extrañas visiones engendradas por el opio revoloteaban como sombras delante de mí. Observé con ojos inquietos los sarcófagos en los ángulos de la habitación, las cambiantes figuras de los tapices, las contorsiones de las llamas multicolores en el incensario suspendido. Mis ojos cayeron entonces, mientras trataba de recordar las circunstancias de una noche anterior, en el lugar donde, bajo el resplandor del incensario, había visto las débiles huellas de la sombra. Pero ya no estaba allí, y, respirando con más libertad, volví la mirada a la pálida y rígida figura tendida en el lecho. Entonces me asaltaron mil recuerdos de Ligeia, y cayó sobre mi corazón, con la turbulenta violencia de una marea, todo el indecible dolor con que había mirado su cuerpo amortajado. La noche avanzaba, y con el pecho lleno de agrios pensamientos, cuyo objeto era mi único, mi supremo amor, permanecí contemplando el cuerpo de Rowena.

Quizá fuera media noche, tal vez más temprano o más tarde, pues no tenía conciencia del tiempo, cuando un sollozo sofocado, suave, pero muy claro, me sacó bruscamente de mi ensueño. Sentí que venía del lecho de ébano, del lecho de muerte. Presté atención en una agonía de terror supersticioso, pero el sonido no se repitió. Esforcé la vista para descubrir algún movimiento del cadáver, mas no advertí nada. Sin embargo, no podía haberme equivocado. Había oído el ruido, aunque débil, y mi espíritu estaba despierto. Mantuve con decisión, con perseverancia, la atención enfocada en el cuerpo. Transcurrieron algunos minutos sin que ninguna circunstancia arrojara luz sobre el misterio. Por fin, fue evidente que un color ligero, muy débil y apenas perceptible se difundía bajo las mejillas y a lo largo de las hundidas venas de los párpados. Con una especie de horror, de espanto indecible, que no tiene en el lenguaje humano expresión suficientemente enérgica, sentí que mi corazón dejaba de latir, que mis miembros se ponían rígidos. Sin embargo, el sentimiento del deber me devolvió la presencia de ánimo. Ya no podía dudar de que nos habíamos acelerado en los preparativos, de que Rowena aún vivía. Era necesario hacer algo inmediatamente; pero la torre estaba muy apartada de las dependencias de la servidumbre, no había nadie cerca, yo no tenía forma de llamar en mi ayuda sin abandonar la habitación unos minutos, y no podía aventurarme a salir. Luché solo, pues, en mi intento de volver a la vida el espíritu aún vacilante. Pero, al cabo de un breve periodo, fue evidente la reincidencia; el color desapareció de los párpados y las mejillas, dejándolos más pálidos que el mármol; los labios estaban doblemente apretados y contraídos en la espectral expresión de la muerte; una viscosidad y un frío repulsivos cubrieron rápidamente la superficie del cuerpo, y la habitual rigidez cadavérica sobrevino de inmediato. Volví a desplomarme con un estremecimiento en el diván de donde me levantara tan bruscamente y de nuevo me entregué a mis apasionadas visiones de Ligeia.

Así pasó una hora cuando (¿era posible?) advertí por segunda vez un vago sonido procedente de la región del lecho. Presté atención en el colmo del horror. El sonido se repitió: era un suspiro. Precipitándome hacia el cadáver, vi —claramente— temblar los labios. Un minuto después se entreabrían, descubriendo una brillante línea de dientes nacarados. La estupefacción luchaba ahora en mi pecho con el profundo espanto que hasta entonces reinara solo. Sentí que mi vista se oscurecía, que mi razón se desorientaba, y sólo por un violento esfuerzo logré al fin cobrar ánimos para ponerme a la tarea que mi deber me señalaba una vez más. Había ahora cierto color en la frente, en las mejillas y en la garganta; un calor perceptible invadía todo el cuerpo; hasta se sentía latir levemente el corazón. Mi esposa vivía, y con redoblado ardor me entregué a la tarea de resucitarla. Froté y friccioné las sienes y las manos, y utilicé todos los expedientes que la experiencia y no pocas lecturas médicas me aconsejaban. Pero infructuosamente. De pronto, el color huyó, las pulsaciones cesaron, los labios recobraron la expresión de la muerte y, un instante después, el cuerpo todo adquiría el frío de hielo, el color lívido, la intensa rigidez, el aspecto consumido y todas las horrendas características de quien ha sido, por muchos días, habitante de la tumba.

Y de nuevo me sumí en las visiones de Ligeia, y de nuevo (¿y quién ha de sorprenderse de que me estremezca al escribirlo?), de nuevo llegó a mis oídos un sollozo ahogado que venía de la zona del lecho de ébano. Más, ¿a qué detallar el inenarrable horror de aquella noche? ¿A qué detenerme a relatar cómo, hasta acercarse el momento del alba gris, se repitió este horrible drama de resurrección; cómo cada espantosa recaída terminaba en una muerte más rígida y aparentemente más irremediable; cómo cada agonía cobraba el aspecto de una lucha con algún enemigo invisible, y cómo cada lucha era sucedida por no sé qué extraño cambio en el aspecto del cuerpo? Permitidme que me apresure a concluir.

La mayor parte de la espantosa noche había transcurrido, y la que estuviera muerta se movió de nuevo, ahora con más fuerza que antes, aunque despertase de una disolución más horrenda y más irreparable. Yo había cesado hacía rato de luchar o de moverme, y permanecía rígido, sentado en la otomana, presa indefensa de un torbellino de violentas emociones, de todas las cuales el pavor era quizá la menos terrible, la menos devoradora. El cadáver, insisto, se movía, y ahora con más fuerza que antes. Los colores de la vida cubrieron con insólita energía el semblante, los miembros se relajaron y, de no ser por los párpados aún apretados y por las vendas y paños que daban un aspecto sepulcral a la figura, podía haber soñado que Rowena había sacudido por completo las cadenas de la muerte. Pero si entonces no acepté del todo esta idea, por lo menos pude salir de dudas cuando, levantándose del lecho, a tientas, con débiles pasos, con los ojos cerrados y la manera peculiar de quien se ha extraviado en un sueño, aquel ser amortajado avanzó osadamente, palpablemente, hasta el centro del aposento.

No temblé, no me moví, pues una multitud de ideas inexpresables ligadas con el aire, la estatura, el porte de la figura cruzaron velozmente por mi cerebro, paralizándome, convirtiéndome en fría piedra. No me moví, pero contemplé la aparición. Reinaba un loco desorden en mis pensamientos, un tumulto incontenible. ¿Podía ser, realmente, Rowena viva la figura que tenía delante? ¿Podía ser realmente Rowena, Rowena Trevanion de Tremaine, la de los cabellos rubios y los ojos azules? ¿Por qué, por qué lo dudaba? El vendaje ceñía la boca, pero ¿podía no ser la boca de Rowena de Tremaine? Y las mejillas —con rosas como en la plenitud de su vida—, sí podían ser en verdad las hermosas mejillas de la viviente señora de Tremaine. Y el mentón, con sus hoyuelos, como cuando estaba sana, ¿podía no ser el suyo? Pero entonces, ¿había crecido ella durante su enfermedad? ¿Qué inenarrable locura me invadió al pensarlo? De un brinco llegué a sus pies. Estremeciéndose a mi contacto, dejó caer de la cabeza, sueltas, las horribles vendas que la envolvían, y entonces, en la atmósfera sacudida del aposento, se desplomó una enorme masa de cabellos desordenados: ¡eran más negros que las alas de cuervo de la medianoche! Y lentamente se abrieron los ojos de la figura que encontraba ante mí. "¡En esto, por lo menos —grité—, nunca, nunca podré equivocarme! ¡Éstos son los grandes ojos, los ojos negros, los extraños ojos de mi perdido amor, los de... los de Ligeia!"

Un descenso al Maelström

Habíamos alcanzado la cúspide del despeñadero más sublime. Durante algunos minutos, el anciano pareció demasiado cansado para hablar.

—Hasta no hace mucho tiempo —dijo, por fin— podría haberlo guiado en este ascenso tan bien como el más joven de mis hijos. Pero, hace unos tres años, me aconteció algo que jamás le ha sucedido a otro mortal… o, por lo menos, a alguien que haya alcanzado a sobrevivir para contarlo; y las seis horas de terror mortal que soporté me han desgarrado el cuerpo y el alma. Usted ha de creerme muy arcaico, pero no lo soy. Bastó algo menos de un día para que estos cabellos, negros como el azabache, se volvieran blancos; debilitáronse mis miembros, y tan frágiles quedaron mis nervios, que tiemblo al menor esfuerzo y me espanto de una sombra. ¿Creerá usted que apenas puedo mirar desde este pequeño acantilado sin sentir vértigo?

El «pequeño acantilado», a cuyo borde se había tendido a reposar con tanta negligencia que la parte más pesada de su cuerpo sobresalía del mismo, mientras se cuidaba de una caída apoyando el codo en la resbalosa arista del borde; el «pequeño acantilado», digo, alzábase formando un abismo de negra roca resplandeciente, de mil quinientos o mil seiscientos pies, sobre la multitud de despeñaderos situados más abajo. Nada hubiera podido inducirme a tomar posición a menos de seis yardas de aquel borde. A decir verdad, tanto me asombró la peligrosa postura de mi compañero que caí en tierra cuan largo era, me aferré a los arbustos que me cercaban y no me atreví siquiera a mirar hacia el cielo, mientras luchaba por rechazar la idea de que la furia de los vientos amenazaba zarandear los cimientos de aquella montaña. Pasó largo rato antes de que lograra reunir coraje suficiente para sentarme y mirar a la distancia.

—Debe usted curarse de esas fantasías —dijo el guía—, ya que lo he traído para que tenga desde aquí la mejor vista del lugar donde aconteció el episodio que mencioné antes... y para contarle toda la historia con su escenario presente.

«Nos hallamos —agregó, con la manera minuciosa que lo distinguía—, nos encontramos muy cerca de la costa de Noruega, a los sesenta y ocho grados de latitud, en la gran provincia de Nordland, y en el distrito de Lodofen. La montaña cuya cima acabamos de escalar es Helseggen, la Nebulosa. Enderécese usted un poco... sujetándose a las matas si se siente mareado... ¡Así! Mire ahora, más allá de la cintura de vapor que hay debajo de nosotros, hacia el mar».

Miré, lleno de vértigo, y descubrí una vasta extensión oceánica, cuyas aguas tenían un color tan similar a la tinta que me recordó la descripción que hace el geógrafo nubio del Mare Tenebrarum. Ninguna quimera humana podría concebir panorama más lamentablemente desolado. A derecha e izquierda, y hasta donde podía alcanzar la mirada, se tendían, como murallas del mundo cadenas de acantilados horriblemente negros y colgantes, cuyo lúgubre aspecto veíase reforzado por la resaca, que rompía contra ellos su blanca y lívida cresta, aullando y rugiendo eternamente. Opuesta al promontorio sobre cuya cima nos encontrábamos, y a unas cinco o seis millas dentro del mar, advertíase una pequeña isla de aspecto desértico; quizá sea más adecuado decir que su posición se pronosticaba gracias a las salvajes arrecifes que la envolvían. Unas dos millas más cerca alzábase otra isla más infanta, horriblemente escarpada y estéril, rodeada en diversas partes por amontonamientos de lóbregas rocas.

En el espacio comprendido entre la mayor de las islas y la costa, el océano presentaba un aspecto completamente fuera de lo común. En aquel momento soplaba un viento tan fuerte en dirección a tierra, que un bergantín que navegaba mar afuera se mantenía a la capa con dos rizos en la vela mayor, mientras la quilla se hundía a cada instante hasta perderse de vista; no obstante, el espacio a que he aludido no mostraba nada que igualara un oleaje enfurecido, sino tan sólo un breve, rápido y furioso embate del agua en todas direcciones, tanto frente al viento como hacia otros lados. Tampoco se advertía espuma, salvo en la proximidad inmediata de las rocas.

—La isla más apartada —continuó el anciano— es la que los noruegos llaman Vurrgh. La que se encuentra a mitad de camino es Moskoe. A una milla al norte verá la de Ambaaren. Más allá se hallan Islesen, Hotholm, Keildhelm, Suarven y Buckholm. Aún más allá —entre Moskoe y Vurrgh— están Otterholm, Flimen, Sandflesen y Stockholm. Tales son los verdaderos nombres de estos sitios; pero… ¿qué necesidad había de darles nombres? No lo sé, y conjeturo que usted tampoco… ¿Oye alguna cosa? ¿Nota algún cambio en el agua?

Llevábamos ya unos diez minutos en lo alto del Helseggen, al cual habíamos ascendido viniendo desde el interior de Lofoden, de modo que no habíamos visto ni una sola vez el mar hasta que se presentó de golpe al arribar a la cima. Mientras el anciano me hablaba, percibí un sonido potente y que crecía por instantes, algo como el bramar de un enorme rebaño de búfalos en una pradera americana; y en el mismo momento reparé en que el estado del océano a nuestros pies, que correspondía a lo que los marinos llaman picado, se estaba transformando avivadamente en una corriente orientada hacia el este. Mientras la seguía mirando, aquella corriente adquirió una velocidad monstruosa. A cada instante su rapidez y su desatada impetuosidad iban en aumento. Cinco minutos después, todo el mar hasta Vurrgh fermentaba de cólera incontrolable, pero donde esa rabia alcanzaba su ápice era entre Moskoe y la costa. Allí, la vasta superficie del agua se abría y trazaba en mil canales antagónicos, reventaba violentamente en una convulsión frenética —encrespándose, hirviendo, silbando— y giraba en gigantescos e incontables vórtices, y todo aquello se atorbellinaba y corría hacia el este con una rapidez que el agua no adquiere en ninguna otra parte, como no sea el caer en un precipicio.

En pocos minutos más, una nueva y radical alteración apareció en escena. La superficie del agua se fue nivelando un tanto y los remolinos desaparecieron uno tras otro, mientras prodigiosas fajas de espuma brotaban allí donde antes no había nada. A la larga, y luego de dispersarse a una gran distancia, aquellas fajas se combinaron unas con otras y adquirieron el movimiento giratorio de los desaparecidos remolinos, como si constituyeran el germen de otro más vasto. De pronto, instantáneamente, todo asumió una realidad clara y definida, formando un círculo cuyo diámetro pasaba de una milla. El borde del remolino estaba personificado por una ancha faja de resplandeciente espuma; pero ni la menor partícula de ésta resbalaba al interior del espantoso embudo, cuyo tubo, hasta donde la mirada alcanzaba a medirlo, era una pulida, radiante y tenebrosa pared de agua, inclinada en un ángulo de cuarenta y cinco grados con relación al horizonte, y que giraba y giraba vertiginosamente, con un movimiento oscilante y turbulento, produciendo un fragor horrible, entre rugido y clamoreo, que ni siquiera la enorme catarata del Niágara lanza al espacio en su enorme caída.

La montaña temblaba desde sus cimientos y oscilaban las rocas. Me dejé caer boca abajo, aferrándome a los ralos matorrales en el paroxismo de mi agitación nerviosa. Por fin, pude decir a mi compañero:

—¡Esto no puede ser más que el monumental remolino del Maelström!

—Así suelen llamarlo —repuso el viejo—. Nosotros los noruegos le llamamos el Moskoe-ström, a causa de la isla Moskoe.

Las descripciones comunes de aquel vórtice no me habían preparado en absoluto para lo que acababa de ver. La de Jonas Ramus, quizá la más detallada, no puede dar la menor noción de la magnificencia o el horror de aquella escena, ni tampoco la perturbadora sensación de novedad que confunde al concurrente. No sé bien en qué punto de vista estuvo situado el escritor aludido, ni en qué momento; pero no pudo ser en la cima del Helseggen, ni durante una tempestad. He aquí algunos pasajes de su descripción que merecen, sin embargo, citarse por los detalles que contienen, aunque resulten sumamente endebles para comunicar una impresión de aquel espectáculo:

«Entre Lofoden y Moskoe —dice—, la hondura del agua varía entre treinta y seis y cuarenta brazas; pero del otro lado, en dirección a Ver (Vurrgh), la profundidad reduce al punto de no permitir el paso de un navío sin el riesgo de que encalle en las rocas, cosa posible aun en plena bonanza. Durante la pleamar, las corrientes se agitan entre Lofoden y Moskoe con turbulenta rapidez, al punto de que el rugido de su impetuoso reflujo hacia el mar apenas podría ser igualado por el de las más sonoras y aterradoras cataratas. El sonido se escucha a muchas leguas, y los vórtices o abismos son de tal tamaño y hondura que si un navío es atraído por ellos se ve tragado irremisiblemente y arrastrado a la profundidad donde se hace pedazos contra las rocas; cuando el agua se sosiega, los pedazos del buque asoman a la superficie. Pero los intervalos de tranquilidad se producen solamente en los instantes del cambio de la marea y con buen tiempo; apenas duran un cuarto de hora antes de que recomience gradualmente su violencia. Cuando la corriente es más turbulenta y una tempestad agranda su furia resulta peligroso aproximarse a menos de una milla noruega. Botes, yates y navíos han sido tragados por no tomar esa precaución contra su fuerza atractiva. Ocurre asimismo con frecuencia que las ballenas se acercan demasiado a la corriente y son dominadas por su violencia; imposible resulta entonces describir sus lamentos y mugidos mientras luchan inútilmente por escapar. Cierta vez, un oso que trataba de nadar de Lofoden a Moskoe fue atrapado por la corriente y arrastrado a la profundidad, mientras rugía tan terriblemente que se le oía desde la costa. Grandes cantidades de troncos de abetos y pinos, absorbidos por la corriente, vuelven a la superficie rota y retorcida a un punto tal que no pasan de ser un cúmulo de astillas. Esto muestra visiblemente que el fondo consiste en rocas aguzadas contra las cuales son arrastrados y frotados los troncos. Dicha corriente se regula por el flujo y reflujo marino, que se suceden constantemente cada seis horas. En el año 1645, en la mañana del domingo de sexagésima, la furia de la corriente fue tan aterradora que las piedras de las casas de la costa se desplomaban».

Por lo que se refiere a la profundidad del agua, no me explico cómo pudo ser verificada en la vecindad inmediata del vórtice. Las «cuarenta brazas» tienen que referirse indudablemente, a las porciones del canal linderas con la costa, sea de Moskoe o de Lofoden. La profundidad en el centro del Moskoe-ström debe ser inconmensurablemente grande, y la mejor prueba de ello la da la más ligera mirada que se proyecte al abismo del remolino desde la cima del Helseggen. Mientras encaramado en esta cumbre observaba el rugiente Flegetón allá abajo, no pude impedirme sonreír de la simplicidad con que el honrado Jonas Ramus consigna —como algo difícil de creer— las anécdotas sobre ballenas y osos, cuando resulta evidente que los más grandes buques actuales, sometidos a la influencia de aquella mortal atracción, serían el equivalente de una pluma frente al huracán y desaparecerían súbitamente.

Las tentativas de explicar el fenómeno —que, en parte, según recuerdo, me habían parecido suficientemente plausibles a la lectura— presentaban ahora un carácter muy distinto e insatisfactorio. La idea preponderante consistía en que el vórtice, al igual que otros tres más pequeños situados entre las islas Feroe, «no tiene otra causa que la colisión de las olas, que se alzan y rompen, en el flujo y reflujo, contra un arrecife de rocas y bancos de arena, el cual encierra las aguas al punto que éstas se precipitan como una catarata; así, cuanto más alta sea la marea, más profunda será la caída, y el resultado es un remolino o vórtice, cuyo portentoso poder de succión es suficientemente conocido por experimentos hechos en menor escala». Tales son los términos con que se expresa la Encyclopaedia

Britannica. Kircher y otros conjeturan que en el centro del canal del Maelström hay un abismo que penetra en el globo terrestre y que vuelve a salir en alguna región remota (una de las hipótesis nombra concretamente el golfo de Botnia). Esta opinión, bastante gratuita en sí misma, fue la que mi quimera aceptó con mayor prontitud una vez que hube observado la escena. Pero al mencionarla a mi guía me sorprendió oírle decir que, si bien casi todos los noruegos compartían ese punto de vista, él no lo aceptaba. En cuanto a la hipótesis precedente, confesó su incapacidad para comprenderla, y yo le di la razón, pues, aunque sobre el papel pareciera concluyente, resultaba por completo confuso e incluso absurda frente al tronar de aquel abismo.

—Ya ha podido ver muy bien el remolino —dijo el anciano—, y si nos instalamos ahora detrás de esa roca al socaire, para que no nos moleste el ruido del agua, le narraré un relato que lo convencerá de que conozco alguna cosa sobre el Moskoe-ström.

Me ubiqué como lo deseaba y comenzó:

«Mis dos hermanos y yo éramos dueños de un queche aparejado como una goleta, de unas setenta toneladas, con el cual pescábamos entre las islas situadas más allá de Moskoe y casi hasta Vurrgh. Aprovechando las congruencias, siempre hay buena pesca en el mar durante las mareas bravas, si se tiene el coraje de enfrentarlas; de todos los habitantes de la costa de Lofoden, nosotros tres éramos los únicos que navegábamos habitualmente en la región de las islas. Las zonas usuales de pesca se hallan mucho más al sur. Allí se puede pescar a cualquier hora, sin demasiado riesgo, y por eso son lugares preferidos. Pero los sitios escogidos que pueden hallarse aquí, entre las rocas, no sólo ofrecen la diversidad más grande, sino una abundancia mucho mayor, de modo que con frecuencia pescábamos en un solo día lo que otros más tímidos conseguían apenas en una semana. La verdad es que hacíamos de esto un lance temerario, cambiando el exceso de trabajo por el riesgo de la vida, y reemplazando capital por coraje.»

«Fondeábamos el queche en una caleta, a unas cinco millas al norte de esta costa, y cuando el tiempo estaba bueno, acostumbrábamos aprovechar los quince minutos de tranquilidad de las aguas para atravesar el canal principal de Moskoe-ström mucho más arriba del remolino y anclar luego en cualquier parte cerca de Otterham o Sandflesen, donde las mareas no son tan violentas. Nos quedábamos allí hasta que faltaba poco para un nuevo intervalo de calma, en que poníamos proa en dirección a nuestro puerto. Jamás iniciábamos una expedición de este género sin tener un buen viento de lado, tanto para la ida como para el retorno —un viento del que estuviéramos seguros que no nos abandonaría a la vuelta—, y era raro que nuestros cálculos erraran. Dos veces, en seis años, nos vimos precisados a pasar la noche al ancla a causa de una calma chicha, lo cual es cosa muy rara en estos parajes; y una vez tuvimos que quedarnos cerca de una semana donde estábamos, muriéndonos de inanición, por culpa de una borrasca que se desató poco después de nuestro arribo, y que enfureció el canal en tal forma que era improbable pensar en cruzarlo. En esta ocasión hubiéramos podido ser llevados mar afuera a pesar de nuestros esfuerzos (pues los remolinos nos hacían girar tan bruscamente que, al final, largamos el ancla y la dejamos que arrastrara), si no hubiera sido que terminamos entrando en una de esas incontables corrientes antagónicas que hoy están allí y mañana desaparecen, la cual nos arrastró hasta el refugio de Flimen, donde, por suerte, pudimos detenernos.»

«No podría narrarle ni la vigésima parte de las dificultades que hallábamos en nuestro campo de pesca —que es mal sitio para navegar aun con buen tiempo—, pero siempre nos arreglamos para burlar el desafío del Moskoe-ström sin accidentes, aunque muchas veces tuve el corazón en la boca cuando nos atrasábamos o nos adelantábamos en un minuto al momento de calma. En ocasiones, el viento no era tan fuerte como habíamos pensado al zarpar y el queche recorría una distancia menor de lo que anhelábamos, sin que pudiéramos gobernarlo a causa de la correntada. Mi hermano mayor tenía un hijo de dieciocho años y yo dos fornidos mozalbetes. Todos ellos nos hubieran sido de gran ayuda en esas ocasiones, ya fuera apoyando la marcha con los remos, o pescando; pero, aunque estábamos personalmente dispuestos a correr el riesgo, no nos sentíamos con ánimo de exponer a los jóvenes, pues verdaderamente había un peligro espantoso, ésa es la pura verdad.

«Pronto se cumplirán tres años desde que ocurrió lo que voy a narrarle. Era el 10 de julio de 18..., día que las personas de esta región no olvidarán jamás, porque en él se alzó uno de los huracanes más terribles que hayan caído jamás del cielo. Y, sin embargo, durante toda la mañana, y hasta bien entrada la tarde, había soplado una suave brisa del sudoeste, mientras resplandecía el sol, y los más avezados marinos no hubieran podido prever lo que iba a pasar.»

«Los tres —mis dos hermanos y yo— cruzamos hacia las islas a las dos de la tarde y no tardamos en llenar el queche con una excelente pesca que, como pudimos observar, era más abundante ese día que en ninguna ocasión anterior. A las siete —por mi reloj— levamos anclas y zarpamos, a fin de atravesar lo peor del Ström en el momento de la calma, que según sabíamos iba a producirse a las ocho.»

«Partimos con una buena brisa de estribor y al principio navegamos avivadamente y sin pensar en el peligro, pues no teníamos el menor motivo para sospechar que existiera. Pero, de pronto, sentimos que se nos oponía un viento procedente de Helseggen. Esto era muy insólito; jamás nos había sucedido antes, y yo empecé a sentirme inquieto, sin saber exactamente por qué. Enfilamos la barca contra el viento, pero los remansos no nos dejaban avanzar, e iba a proponer que volviéramos al punto donde habíamos estado anclados cuando, al mirar hacia popa vimos que todo el horizonte estaba cubierto por una extraña nube del color del cobre que se alzaba con la más sorprendente rapidez.»

«Entretanto, la brisa que nos había impulsado acababa de amainar por completo y estábamos en una calma total, derivando hacia todos los rumbos. Pero esto no duró bastante como para darnos tiempo a reflexionar. En menos de un minuto nos cayó encima la tormenta, y en menos de dos el cielo quedó cubierto por completo; con esto, y con la espuma de las olas que nos envolvía, todo se puso tan lóbrego que no podíamos vernos unos a otros en la cubierta.»

«Sería una locura tratar de describir el huracán que siguió. Los más viejos marinos de Noruega nunca conocieron nada parecido. Habíamos soltado todo el trapo antes de que el viento nos alcanzara; pero, a su primer embate, los dos mástiles volaron por la borda como si los hubiesen aserrado..., y uno de los palos se llevó consigo a mi hermano mayor, que se había atado para mayor seguridad.»

«Nuestra embarcación se convirtió en la más liviana pluma que jamás flotó en el agua. El queche tenía un puente completamente cerrado, con sólo una pequeña escotilla cerca de proa, que acostumbrábamos cerrar y asegurar cuando íbamos a cruzar el Ström, por precaución contra el mar picado. De no haber sido por esta circunstancia, hubiéramos zozobrado instantáneamente, pues durante un instante quedamos sumergidos por completo. Cómo escapó a la muerte mi hermano mayor no puedo decirlo, pues jamás se me presentó la oportunidad de averiguarlo. Por mi parte, tan pronto hube soltado el trinquete, me tiré boca abajo en el puente, con los pies contra la estrecha borda de proa y las manos aferrando una armella próxima al pie del palo mayor. El instinto me indujo a obrar así, y fue, indudablemente, lo mejor que podía haber hecho; la verdad es que estaba demasiado aturdido para pensar.»

«Durante algunos instantes, como he dicho, quedamos totalmente inundados, mientras yo contenía la respiración y me aferraba a la armella. Cuando no pude resistir más, me enderecé sobre las rodillas, sosteniéndome siempre con las manos, y pude así asomar la cabeza. Pronto nuestra pequeña embarcación dio una sacudida, como hace un perro al salir del agua, y con eso se libró en cierta medida de las olas que la tapaban. Pero entonces estaba tratando yo de sobreponerme al aturdimiento que me dominaba, recobrar los sentidos para decidir lo que tenía que hacer, cuando sentí que alguien me agarraba del brazo. Era mi hermano mayor, y mi corazón brincó de júbilo, pues estaba seguro de que el mar lo había arrebatado. Más esa alegría no tardó en transformarse en horror, pues mi hermano aproximó la boca a mi oreja, mientras gritaba: ¡Moskoe-ström!»

«Nadie puede imaginar mis sentimientos en aquel momento. Me estremecí de la cabeza a los pies, como si sufriera un violento ataque de calentura. Demasiado bien sabía lo que mi hermano me estaba diciendo con esa simple palabra y lo que quería darme a entender: Con el viento que nos arrastraba, nuestra proa apuntaba hacia el remolino del Ström... ¡y nada podía salvarnos! »

«Se imaginará usted que, al cruzar el canal del Ström, lo hacíamos siempre mucho más arriba del remolino, incluso con tiempo bonancible, y debíamos esperar y observar solícitamente el momento de calma. Pero ahora estábamos navegando directamente hacia el vórtice, envueltos en el más terrible huracán. "Posiblemente —pensé— llegaremos allí en un momento de la calma... y eso nos da una esperanza". Pero, un segundo después, me maldije por ser tan loco como para pensar en esperanza alguna. Sabía muy bien que estábamos condenados y que lo estaríamos igual aunque nos encontráramos en un navío cien veces más grande.»

«A esta altura la primera furia de la tempestad se había agotado, o quizá no la sentíamos tanto por estar corriendo delante de ella. Pero el mar, que el viento había mantenido aplacado y espumoso al comienzo, se alzaba ahora en monumentales montañas. Un extraño cambio se había producido en el cielo. Alrededor de nosotros, y en todas direcciones, seguía tan negro como la brea, pero en lo alto, casi encima de donde estábamos, se abrió súbitamente un círculo de cielo despejado —tan despejado como jamás he vuelto a ver—, brillantemente azul, y a través del cual resplandecía la luna llena con un resplandor que no le había conocido antes. Iluminaba con sus rayos todo lo que nos rodeaba, con la más grande claridad; pero... ¡Dios mío, qué escena nos mostraba! »

«Hice una o dos tentativas para hacerme escuchar de mi hermano, pero, por razones que no pude comprender, el estruendo había aumentado de manera tal que no alcancé a hacerle entender una sola palabra, pese a que gritaba con todas mis fuerzas en su oreja. Pronto agitó la cabeza, mortalmente pálida, y levantó un dedo como para decirme: "¡Escucha!".»

«Al principio no me di cuenta de lo que quería significar, pero un horrible pensamiento atravesó por mi mente. Extraje mi reloj de la faltriquera. Estaba detenido. Contemplé el cuadrante a la luz de la luna y me eché a llorar, mientras lanzaba el reloj al océano. ¡Se había detenido a las siete! ¡Ya había pasado el momento de calma y el remolino del ström estaba en plena furia!»

«Cuando un barco es de buena construcción, está bien equipado y no lleva mucha carga, al correr con el viento durante una borrasca las olas dan la impresión de resbalar por debajo del casco, lo cual siempre resulta raro para un hombre de tierra firme; a eso se le llama cabalgar en lenguaje marino.»

«Hasta ese momento habíamos cabalgado sin problema sobre las olas; pero de pronto una monumental masa de agua nos alcanzó por la bovedilla y nos alzó con ella... arriba... más arriba... como si ascendiéramos al cielo. Jamás hubiera creído que una ola podía alcanzar semejante altura. Y entonces empezamos a caer, con una carrera, un deslizamiento y una zambullida que me ocasionaron náuseas y mareo, como si estuviera desplomándome en sueños desde lo alto de una montaña. Pero en el momento en que alcanzamos la cresta, pude lanzar una ojeada alrededor... y lo que vi fue más que suficiente. En un instante comprobé nuestra exacta posición. El vórtice de Moskoe-ström se hallaba a un cuarto de milla adelante; pero ese vórtice se parecía tanto al de todos los días como el que está viendo usted a un remolino en una charca. Si no hubiera sabido dónde estábamos y lo que teníamos que esperar, no hubiese reconocido en absoluto aquel sitio. Tal como lo vi, me obligó a cerrar espontáneamente los ojos de espanto. Mis párpados se apretaron como en un espasmo.»

«Apenas habrían pasado otros dos minutos, cuando sentimos que las olas decrecían y nos vimos envueltos por la espuma. La embarcación dio una brusca media vuelta a babor y se precipitó en su nueva dirección como una centella. Al mismo tiempo, el bramido del agua quedó totalmente apagado por algo así como un ruidoso alarido... un sonido que podría usted imaginar formado por miles de barcos de vapor que dejaran escapar al mismo tiempo la presión de sus calderas. Nos encontrábamos ahora en el cinturón de la resaca que rodea siempre el remolino, y pensé que un segundo más tarde nos precipitaríamos al abismo, cuyo interior veíamos borrosamente a causa de la asombrosa velocidad con la cual nos agitábamos. El queche no daba la impresión de flotar en el agua, sino de flotar como una burbuja sobre la superficie de la resaca. Su banda de estribor daba al remolino, y por babor surgía la inmensidad oceánica de la que acabábamos de salir, y que se alzaba como una monumental pared oscilando entre nosotros y el horizonte.»

«Puede parecer extraño, pero ahora, cuando estábamos sumergidos en las fauces del abismo, me sentí más tranquilo que cuando veníamos acercándonos a él. Decidido a no abrigar ya ninguna esperanza, me libré de una buena parte del terror que al principio me había privado de mis fuerzas. Creo que fue la desesperación lo que templó mis nervios.»

«Tal vez piense usted que me jacto, pero lo que le digo es la verdad: Comencé a reflexionar sobre lo grandioso que era morir de esa manera y lo insensato de preocuparme por algo tan insignificante como mi propia vida frente a una manifestación tan asombrosa del poder de Dios. Creo que enrojecí de vergüenza cuando la idea cruzó por mi mente. Y al cabo de un instante se apoderó de mí la más viva curiosidad acerca del remolino. Sentí el deseo de explorar sus honduras, aun al precio del sacrificio que iba a costarme, y la pena más grande que sentí fue que nunca podría contar a mis viejos camaradas de la costa todos los misterios que vería. No hay duda que eran éstas extrañas fantasías en un hombre colocado en semejante situación, y con asiduidad he pensado que la rotación del barco alrededor del vórtice pudo trastornarme un tanto la cabeza.»

«Otra circunstancia contribuyó a devolverme la calma, y fue la cesación del viento, que ya no podía llegar hasta nosotros en el lugar donde estábamos, puesto que, como usted mismo ha visto, el cinturón de resaca está sensiblemente más bajo que el nivel general del océano, al que veíamos descollar sobre nosotros como un alto borde montañoso y negro. Si nunca le ha tocado pasar una borrasca en plena mar, no puede hacerse una idea de la confusión mental que produce la combinación del viento y la espuma de las olas. Ambos ciegan, ensordecen y ahogan, suprimiendo toda posibilidad de acción o de reflexión. Pero ahora nos veíamos en gran medida libres de aquellas molestias... así como los criminales condenados a muerte se ven favorecidos con ciertas liberalidades que se les negaban antes de que se pronunciara la sentencia.

Improbable es decir cuántas veces dimos la vuelta al circuito.»

«Corrimos y corrimos, una hora quizá, volando más que flotando, y entrando cada vez más hacia el centro de la resaca, lo que nos acercaba gradualmente a su horrible borde interior. Durante todo este tiempo no había soltado la armella que me sostenía. Mi hermano estaba en la popa, sujetándose a un pequeño barril vacío, sólidamente atado bajo el compartimiento de la bovedilla, y que era la única cosa a bordo que la borrasca no había precipitado al mar. Cuando ya nos aproximábamos al borde del pozo, soltó su asidero y se precipitó hacia la armella de la cual, en la agonía de su terror, trató de desprender mis manos, ya que no era bastante grande para suministrar a ambos un sostén seguro. Jamás he sentido pena más grande que cuando lo vi hacer eso, aunque entendí que su proceder era el de un insano, a quien el terror ha vuelto loco, furioso. De todos modos, no hice ningún esfuerzo para oponerme. Sabía que ya no importaba quién de los dos se aferrara de la armella, de modo que se la cedí y pasé a popa, donde estaba el barril. No me costó mucho hacerlo, porque el queche corría en círculo con bastante estabilidad, sólo balanceándose bajo las grandiosas oscilaciones y conmociones del remolino. Apenas me había afirmado en mi nueva posición, cuando dimos un brusco bandazo a estribor y nos precipitamos de proa en el abismo. Murmuré prontamente una plegaria a Dios y pensé que todo había terminado.»

«Mientras sentía la náusea del vertiginoso descenso, instintivamente me aferré con más fuerza al barril y cerré los ojos. Durante algunos segundos no me atreví a abrirlos, esperando mi aniquilación inmediata y me maravillé de no estar sufriendo ya las agonías de la lucha final con el agua. Pero el tiempo seguía pasando. Y yo estaba vivo.

La sensación de caída había cesado y el movimiento de la embarcación se parecía al de antes, cuando estábamos en el cinturón de espuma, salvo que ahora se hallaba más inclinada. Junté coraje y otra vez miré lo que me rodeaba.»

«Nunca olvidaré la sensación de pavor, espanto y asombro que sentí al observar aquella escena. El queche parecía estar colgando, como por arte de magia, a mitad de camino en el interior de un embudo de vasta circunferencia y prodigiosa hondura, cuyas paredes, perfectamente lisas, hubieran podido creerse de ébano, a no ser por la asombrosa velocidad con que giraban, y el lívido resplandor que despedían bajo los rayos de la luna, que, en el centro de aquella abertura circular entre las nubes a que he aludido antes, se derramaban en un diluvio gloriosamente áureo a lo largo de las azabaches paredes y se perdían en las remotas honduras del abismo.»

«Al principio me sentí demasiado confundido para poder observar nada con precisión. Todo lo que alcanzaba era ese estallido general de aterradora grandeza. Pero, al recobrarme un tanto, mis ojos miraron instintivamente hacia abajo. Tenía una vista completa en esa dirección dada la forma en que el queche colgaba de la superficie inclinada del vórtice. Su quilla estaba perfectamente nivelada, vale decir que el puente se encontraba en un plano paralelo al del agua, pero esta última se tendía formando un ángulo de más de cuarenta y cinco grados, de modo que parecía como si estuviésemos ladeados. No pude dejar de observar, sin embargo, que, a pesar de esta situación, no me era mucho más difícil mantenerme aferrado a mí puesto que si el barco hubiese estado a nivel; conjeturo que se debía a la velocidad con que girábamos».

«Los rayos de la luna parecían querer alcanzar el fondo mismo del recóndito abismo, pero aun así no pude ver nada con suficiente luminosidad a causa de la espesa niebla que lo envolvía todo y sobre la cual se cernía un magnífico arco iris semejante al angosto y bamboleante puente que, según los musulmanes, es el solo paso entre el Tiempo y la Eternidad. Aquella niebla, o rocío, se producía sin duda por el choque de las monumentales paredes del embudo cuando se hallaba en el fondo; pero no trataré de describir el aullido que brotaba del abismo para subir hasta el cielo.»

«Nuestro primer deslizamiento en el pozo, a partir del cinturón de espumas de la parte superior, nos había hecho descender a gran distancia por la pendiente; sin embargo, la continuación del descenso no guardaba relación con el anterior. Una y otra vez dimos la vuelta, no con un movimiento uniforme sino entre vertiginosos balanceos y sacudidas, que nos lanzaban a veces a unos cuantos centenares de yardas, mientras otras nos hacían completar casi el circuito del remolino. A cada vuelta, y aunque lento, nuestro descenso resultaba perceptible.»

«Mirando en torno la colosal extensión de ébano líquido sobre la cual éramos así llevados, advertí que nuestra embarcación no era el único objeto comprendido en el abrazo del remolino. Tanto por encima como por debajo de nosotros se veían fragmentos de embarcaciones, grandes pedazos de madera en de construcción y troncos de árboles, así como otras cosas más pequeñas, tales como muebles, cajones rotos, barriles y duelas. He aludido ya a la curiosidad anormal que había reemplazado en mí el terror del comienzo. A medida que me iba acercando a mi horrible destino parecía como si esa curiosidad fuera en aumento. Comencé a observar con extraño interés los cuantiosos objetos que flotaban cerca de nosotros. Debo de haber estado bajo los efectos del delirio, porque hasta busqué diversión en el hecho de calcular sus respectivas velocidades en el descenso hacia la espuma del fondo. "Ese abeto —me oí decir en un instante dado— será el que ahora se precipite hacia abajo y desaparezca"; y un instante después me quedé desencantado al ver que los restos de un navío mercante holandés se le adelantaban y caían antes. Al final, después de haber hecho cuantiosas conjeturas de esta naturaleza, y haber errado todas, ocurrió que el hecho mismo de equivocarme invariablemente me incitó a una nueva reflexión, y entonces me eché a temblar como antes, y una vez más latió pesadamente mi corazón.»

«No era el espanto el que así me afectaba, sino el nacimiento de una nueva y emocionante esperanza. Surgía en parte de la memoria y, en parte, de las observaciones que terminaba de hacer. Recordé la gran cantidad de restos flotantes que aparecían en la costa de Lofoden y que habían sido tragados y devueltos luego por el Moskoe-ström. La gran mayoría de estos restos aparecía destrozada de la forma más asombrosa; estaban como frotados, despedazados, al punto que daban la impresión de un montón de astillas y esquirlas. Pero al mismo tiempo recordé que algunos de esos objetos no estaban desfigurados en absoluto. Mc era imposible explicar la razón de esa diferencia, salvo que supusiera que los objetos destrozados eran los que habían sido completamente absorbidos, mientras que los otros habían penetrado en el remolino en un período más adelantado de la marea, o bien, por alguna razón, habían descendido tan lánguidamente luego de ser absorbidos, que no habían alcanzado a tocar el fondo del vórtice antes del cambio del flujo o del reflujo, según fuera el momento. Me pareció posible, en ambos casos, que dichos restos hubieran sido devueltos otra vez al nivel del océano, sin correr el destino de los que habían penetrado antes en el remolino o habían sido tragados más rápidamente.»

«Al mismo tiempo hice tres observaciones trascendentales. La primera fue que, por regla general, los objetos de mayor tamaño descendían más prontamente. La segunda, que entre dos masas de igual tamaño, una esférica y otra de cualquier forma, la mayor velocidad de descenso correspondía a la esfera. La tercera, que entre dos masas de igual tamaño, una de ellas cilíndrica y la otra de cualquier forma, la primera era absorbida con mayor lentitud. Desde que escapé de mi destino he podido hablar muchas veces sobre estos temas con un viejo preceptor del distrito, y gracias a él conozco el uso de las palabras "cilindro" y "esfera". Me explicó —aunque me he olvidado de la explicación— que lo que yo había observado entonces era la consecuencia natural de las formas de los objetos flotantes, y me mostró cómo un cilindro, flotando en un remolino, ofrecía mayor resistencia a su succión y era arrastrado con mucha mayor dificultad que cualquier otro objeto del mismo tamaño, cualquiera fuese su forma.»

«Había además un detalle asombroso, que contribuía en gran medida a reformar estas observaciones y me llenaba de deseos de verificarlas: a cada revolución de nuestra barca sobrepasábamos algún objeto, como ser un barril, una verga o un mástil. Ahora bien, muchos de aquellos restos, que al abrir yo por primera vez los ojos para observar la maravilla del remolino, se encontraban a nuestro nivel, estaban ahora mucho más arriba y daban la impresión de haberse movido muy poco de su posición inicial.»

«No vacilé entonces en lo que debía hacer: solventé asegurarme fuertemente al barril del cual me tenía, soltarlo de la bovedilla y precipitarme con él al agua. Llamé la atención de mi hermano mediante signos, mostrándole los barriles flotantes que pasaban cerca de nosotros, e hice todo lo que estaba en mi poder para que entendiera lo que me disponía a hacer. Me pareció que al fin entendía mis intenciones, pero fuera así o no, agitó la cabeza con desesperación, negándose a abandonar su asidero en la armella. Me era imposible llegar hasta él y la situación no admitía pérdida de tiempo. Así fue como, lleno de amargura, lo abandoné a su destino, me até al barril mediante las cuerdas que lo habían sujetado a la bovedilla y me lancé con él al mar sin un segundo de vacilación.»

«El resultado fue justamente el que esperaba. Puesto que yo mismo le estoy haciendo este relato, por lo cual ya sabe usted que escapé sano y salvo, y además está enterado de cómo me las arreglé para escapar, abreviaré el fin de la historia. Habría transcurrido una hora o cosa así desde que hiciera abandono del queche, cuando lo vi, a gran profundidad, girar terriblemente tres o cuatro veces en rápida sucesión y precipitarse en línea recta en el caos de espuma del abismo, llevándose consigo a mi querido hermano. El barril al cual me había atado descendió apenas algo más de la mitad de la distancia entre el fondo del remolino y el lugar desde donde me había tirado al agua, y entonces comenzó a producirse un gran cambio en el aspecto del vórtice. La pendiente de los lados del formidable embudo se fue haciendo menos y menos escarpada. Las revoluciones del vórtice disminuyeron gradualmente su violencia. Poco a poco fue desapareciendo la espuma y el arco iris, y pareció como si el fondo del abismo comenzara a levantarse mansamente. El cielo estaba despejado, no había viento y la luna llena centelleaba en el oeste, cuando me encontré en la superficie del océano, a plena vista de las costas de Lofoden y en el lugar donde había estado el remolino de Moskoe-ström. Era la hora de la calma, pero el mar se encrespaba todavía en gigantescas olas por efectos del huracán. Fui impulsado bruscamente al canal del Ström, y pocos minutos más tarde llegaba a la costa, en la zona de los pescadores. Un bote me recogió, exhausto de fatiga, y, ahora que el peligro había pasado, incapaz de hablar a causa del recuerdo de aquellos horrores. Quienes me subieron a bordo eran mis viejos camaradas y compañeros cotidianos, pero no me reconocieron, como si yo fuese un viajero que retornaba del mundo de los espíritus. Mi cabello, negro como ala de cuervo la víspera, estaba tan blanco como lo ve usted ahora. También se dice que la expresión de mi rostro ha cambiado. Les conté mi historia… y no me creyeron. Se la narro ahora a usted, sin mayor esperanza de que le dé más crédito del que le concedieron los alegres pescadores de Lofoden».

El entierro prematuro

Hay ciertos temas de interés absorbente, pero demasiado horribles para ser objeto de una obra de mera ficción. Los simples novelistas deben evitarlos si no quieren ofender o desagradar. Sólo se tratan con propiedad cuando lo grave y majestuoso de la verdad los santifican y sostienen. Nos estremecemos, por ejemplo, con el más intenso "dolor agradable" ante los relatos del paso del Beresina, del terremoto de Lisboa, de la peste de Londres y de la matanza de San Bartolomé o de la muerte por asfixia de los ciento veintitrés prisioneros en el Agujero Negro de Calcuta. Pero en estos relatos lo excitante es el hecho, la realidad, la historia. Como ficciones, nos parecerían sencillamente abominables. He mencionado algunas de las más destacadas y augustas calamidades que registra la historia, pero en ellas el alcance, no menos que el carácter de la calamidad, es lo que impresiona tan vivamente la imaginación. No necesito recordar al lector que, del largo y horrible cuadro de miserias humanas, podría haber escogido muchos ejemplos individuales más llenos de sufrimiento esencial que cualquiera de esos inmensos desastres generales. La verdadera desdicha, la aflicción última, en realidad es particular, no difusa. ¡Demos gracias a Dios misericordioso que los horrorosos extremos de agonía los sufra el hombre individualmente y nunca en masa!

Ser enterrado vivo es, sin ningún género de duda, el más terrorífico extremo que jamás haya caído en suerte a un simple mortal. Que le ha caído en suerte con frecuencia, con mucha frecuencia, nadie con capacidad de juicio lo negará. Los límites que separan la vida de la muerte son, en el mejor de los casos, borrosos e indefinidos... ¿Quién podría decir dónde termina uno y dónde empieza el otro? Sabemos que hay enfermedades en las que se produce un cese total de las funciones aparentes de la vida, y, sin embargo, ese cese no es más que una suspensión, para llamarle por su nombre. Hay sólo pausas temporales en el incomprensible mecanismo. Transcurrido cierto período, algún misterioso principio oculto pone de nuevo en movimiento los mágicos piñones y las ruedas fantásticas. La cuerda de plata no quedó suelta para siempre, ni irreparablemente roto el vaso de oro. Pero, entretanto, ¿dónde estaba el alma? Sin embargo, aparte de la inevitable conclusión a priori de que tales causas deben producir tales efectos, de que los bien conocidos casos de vida en suspenso, una y otra vez, provocan inevitablemente entierros prematuros, aparte de esta consideración, tenemos el testimonio directo de la experiencia médica y del vulgo que prueba que en realidad tienen lugar un gran número de estos entierros. Yo podría citar ahora mismo, si fuera necesario, cien ejemplos bien probados. Uno de características muy asombrosas, y cuyas circunstancias igual quedan aún vivas en la memoria de algunos de mis lectores, ocurrió no hace mucho en la vecina ciudad de Baltimore, donde causó una conmoción penosa, intensa y muy extendida. La esposa de uno de los más respetables ciudadanos —abogado eminente y miembro del Congreso— fue atacada por una repentina e inexplicable enfermedad, que burló el ingenio de los médicos. Luego de padecer mucho murió, o se supone que murió. Nadie sospechó, y en realidad no había motivos para hacerlo, de que no se encontraba verdaderamente muerta. Evidenciaba todas las apariencias comunes de la muerte. El rostro tenía el habitual contorno contraído y sumido. Los labios mostraban la habitual palidez marmórea. Los ojos no tenían brillo. Faltaba el calor. Cesaron las pulsaciones. Durante tres días el cuerpo estuvo sin enterrar, y en ese tiempo adquirió una rigidez tenaz. Resumiendo, se adelantó el funeral por el rápido avance de lo que se presumió era descomposición.

La dama fue depositada en la cripta familiar, que permaneció cerrada durante los tres años siguientes. Al expirar ese plazo se abrió para recibir un sarcófago, pero, ¡ay, qué terrible choque esperaba al marido cuando abrió personalmente la puerta! Al empujar los portones, un objeto vestido de blanco cayó rechinando en sus brazos. Era el esqueleto de su mujer con la mortaja puesta.

Una cuidadosa investigación mostró la evidencia de que había revivido a los dos días de ser sepultada, que sus luchas dentro del ataúd habían provocado la caída de éste desde una repisa o nicho al suelo, y al romperse el féretro pudo salir de él. Apareció vacía una lámpara que accidentalmente se había dejado llena de aceite, dentro de la tumba; puede, no obstante, haberse consumido por evaporación. En los peldaños superiores de la escalera que descendía a la espantosa cripta había un trozo del ataúd, con el cual, al parecer, la mujer había intentado llamar la atención golpeando la puerta de hierro. Mientras hacía esto, probablemente se desmayó o quizás murió de puro terror, y al caer, la mortaja se enredó en alguna pieza de hierro que sobresalía hacia dentro. Allí quedó y así se pudrió, erguida.

En el año 1810 tuvo lugar en Francia un caso de inhumación prematura, en circunstancias que contribuyen mucho a justificar la afirmación de que la verdad es más extraña que la ficción. La heroína de la historia era mademoiselle [señorita] Victorine Lafourcade, una joven de ilustre familia, rica y muy guapa. Entre sus numerosos pretendientes se contaba Julien Bossuet, un pobre littérateur [literato] o periodista de París. Su talento y su amabilidad habían despertado la atención de la heredera, que, al parecer, se había enamorado realmente de él, pero el orgullo de casta la llevó por fin a rechazarlo y a casarse con un tal Monsieur [señor] Rénelle, banquero y diplomático de cierto renombre. Después del matrimonio, sin embargo, este caballero descuidó a su mujer y quizá llegó a pegarle. Después de pasar unos años desdichados ella murió; al menos su estado se asemejaba tanto al de la muerte que engañó a todos quienes la vieron. Fue enterrada, no en una cripta, sino en una tumba común, en su aldea natal. Desesperado y aún inflamado por el recuerdo de su cariño profundo, el enamorado viajó de la capital a la lejana provincia donde se encontraba la aldea, con el romántico propósito de desenterrar el cadáver y apoderarse de sus preciosos cabellos. Llegó a la tumba. A medianoche desenterró el ataúd, lo abrió y, cuando iba a cortar los cabellos, se detuvo ante los ojos de la amada, que se abrieron. La dama había sido enterrada viva. Las pulsaciones vitales no habían desaparecido del todo, y las caricias de su amado la despertaron de aquel letargo que equivocadamente había sido confundido con la muerte. Desesperado, el joven la llevó a su alojamiento en la aldea. Empleó unos poderosos reconstituyentes aconsejados por sus no pocos conocimientos médicos. En resumen, ella revivió. Reconoció a su salvador. Permaneció con él hasta que lenta y gradualmente recobró la salud. Su corazón no era tan duro, y esta última lección de amor bastó para ablandarlo. Lo entregó a Bossuet. No regresó junto a su marido, sino que, escondiendo su resurrección, huyó con su amante a América. Veinte años después, los dos regresaron a Francia, convencidos de que el paso del tiempo había cambiado tanto la apariencia de la dama, que sus amigos no podrían reconocerla. Pero se equivocaron, pues al primer encuentro monsieur Rénelle reconoció a su mujer y la reclamó. Ella rechazó la reclamación y el tribunal la apoyó, resolviendo que las extrañas circunstancias y el largo período transcurrido habían abolido, no sólo desde un punto de vista equitativo, sino legalmente la autoridad del marido.

La Revista de Cirugía de Leipzig, publicación de gran autoridad y mérito, que algún editor americano haría bien en traducir y publicar, relata en uno de los últimos números un acontecimiento muy penoso que presenta las mismas características.

Un oficial de artillería, hombre de formidable estatura y salud excelente, fue derribado por un caballo indomable y sufrió una contusión muy grave en la cabeza, que le dejó inconsciente. Tenía una ligera fractura de cráneo pero no se percibió un peligro inmediato. La intervención se hizo con éxito. Se le aplicó una sangría y se adoptaron otros muchos remedios comunes. Pero cayó lentamente en un sopor cada vez más grave y por fin se le dio por muerto.

Hacía calor y lo enterraron con prisa indecorosa en uno de los cementerios públicos. Sus funerales tuvieron lugar un jueves. Al domingo siguiente, el parque del cementerio, como de costumbre, se llenó de visitantes, y alrededor del mediodía se produjo un gran revuelo, provocado por las palabras de un campesino que, habiéndose sentado en la tumba del oficial, había sentido removerse la tierra, como si alguien estuviera luchando abajo. Al principio nadie prestó demasiada atención a las palabras de este hombre, pero su evidente terror y la terca insistencia con que repetía su historia causaron, al fin, su natural efecto en la muchedumbre. Algunos con rapidez consiguieron unas palas, y la tumba, vergonzosamente superficial, estuvo en pocos minutos tan abierta que dejó al descubierto la cabeza de su ocupante. Daba la impresión de que estaba muerto, pero aparecía casi sentado dentro del ataúd, cuya tapa, en furiosa lucha, había levantado parcialmente. Inmediatamente lo llevaron al hospital más cercano, donde se le declaró vivo, aunque en estado de asfixia. Después de unas horas volvió en sí, reconoció a algunas personas conocidas, y con frases inconexas relató sus agonías en la tumba.

Por lo que dijo, estaba claro que la víctima mantuvo la conciencia de vida durante más de una hora después de la inhumación, antes de perder los sentidos. Habían rellenado la tumba, sin percatarse, con una tierra muy porosa, sin aplastar, y por eso le llegó un poco de aire. Oyó los pasos de la multitud sobre su cabeza y a su vez trató de hacerse oír. El tumulto en el parque del cementerio, dijo, fue lo que seguramente lo despertó de un profundo sueño, pero al despertarse se percató del espantoso horror de su situación. Este paciente, según cuenta la historia, iba mejorando y parecía encaminado hacia un restablecimiento definitivo, cuando cayó víctima de la charlatanería de los experimentos médicos. Se le aplicó la batería galvánica y expiró de pronto en uno de esos paroxismos estáticos que en ocasiones produce.

La referencia de la batería galvánica, sin embargo, me trae a la memoria un caso bien conocido y muy extraordinario, en que su acción resultó ser la manera de devolver la vida a un joven abogado de Londres que estuvo enterrado dos días. Esto ocurrió en 1831, y entonces causó profunda impresión en todas partes, donde era tema de conversación.

El paciente, el señor Edward Stapleton, había muerto, aparentemente, de fiebre tifoidea acompañada de unos síntomas anómalos que despertaron la curiosidad de sus médicos. Luego de su aparente fallecimiento, se pidió a sus amigos la autorización para un examen postmórtem (autopsia), pero éstos se negaron. Como sucede a menudo ante estas negativas, los médicos decidieron desenterrar el cuerpo y examinarlo a conciencia, en privado. Fácilmente llegaron a un arreglo con uno de los numerosos grupos de ladrones de cadáveres que abundan en Londres, y la tercera noche después del entierro el supuesto cadáver fue desenterrado de una tumba de ocho pies de profundidad y depositado en el quirófano de un hospital privado.

Al practicársele una incisión de cierta longitud en el abdomen, el aspecto fresco e incorrupto del sujeto sugirió la idea de aplicar la batería. Hicieron sucesivos experimentos con los efectos acostumbrados, sin nada de particular en ningún sentido, salvo, en una o dos ocasiones, una apariencia de vida mayor de la normal en cierta acción convulsiva.

Era ya tarde. Iba a amanecer y se creyó oportuno, al fin, proceder inmediatamente a la disección. Pero uno de los estudiosos tenía un deseo especial de experimentar una teoría propia e insistió en aplicar la batería a uno de los músculos pectorales. Tras realizar una tosca incisión, se estableció apresuradamente un contacto; entonces el paciente, con un movimiento rápido pero nada convulsivo, se levantó de la mesa, caminó hacia el centro de la habitación, miró intranquilo a su alrededor unos instantes y entonces habló. Lo que dijo fue ininteligible, pero pronunció algunas palabras, y silabeaba claramente. Después de hablar, se cayó pesadamente al suelo.

En el transcurso de unos momentos todos se quedaron paralizados de espanto, pero la urgencia del caso pronto les devolvió la presencia de ánimo. Se vio que el señor Stapleton estaba vivo, aunque sin sentido. Después de administrarle éter volvió en sí y rápidamente recobró la salud, retornando a la sociedad de sus amigos, a quienes, sin embargo, se les ocultó toda noticia sobre la resurrección hasta que ya no se temía una recaída. Es de imaginar la maravilla de aquellos y su extasiado asombro.

El dato más espeluznante de este incidente, sin embargo, se encuentra en lo que afirmó el mismo señor Stapleton. Declaró que en ningún momento perdió todo el sentido, que de una manera borrosa y confusa percibía todo lo que le estaba ocurriendo desde el instante en que fuera declarado muerto por los médicos hasta cuando cayó desmayado en el piso del hospital. "Estoy vivo", fueron las incomprendidas palabras que, al reconocer la sala de disección, había intentado pronunciar en aquel grave instante de peligro.

Sería fácil multiplicar historias como éstas, pero me abstengo, porque en realidad no nos hacen falta para establecer el hecho de que suceden entierros prematuros. Cuando reflexionamos, en las raras veces en que, por la naturaleza del caso, tenemos la posibilidad de descubrirlos, debemos admitir que tal vez ocurren más frecuentemente de lo que imaginamos. En realidad, casi nunca se han removido muchas tumbas de un cementerio, por alguna razón, sin que aparecieran esqueletos en posturas que sugieren la más espantosa de las sospechas. La sospecha es espantosa, pero es más espantoso el destino. Puede afirmarse, sin titubear, que ningún suceso se presta tanto a llevar al colmo de la angustia física y mental como el enterramiento antes de la muerte. La insoportable opresión de los pulmones, las emanaciones sofocantes de la tierra húmeda, la mortaja que se adhiere, el rígido abrazo de la estrecha morada, la oscuridad de la noche absoluta, el silencio como un mar que abruma, la invisible pero palpable presencia del gusano vencedor; estas cosas, junto con los deseos del aire y de la hierba que crecen arriba, con el recuerdo de los queridos amigos que volarían a salvarnos si se enteraran de nuestro destino, y la conciencia de que nunca podrán saberlo, de que nuestra suerte irremediable es la de los muertos de verdad, estas consideraciones, digo, llevan el corazón aún palpitante a un grado de espantoso e insoportable horror ante el cual la imaginación más audaz retrocede. No conocemos nada tan angustioso en la Tierra, no podemos imaginar nada tan horrible en los dominios del más profundo Infierno. Y por eso todos los relatos sobre este tema despiertan un interés profundo, interés que, sin embargo, gracias a la temerosa reverencia hacia este tema, depende justa y específicamente de nuestra creencia en la verdad del asunto narrado. Lo que voy a contar ahora es mi conocimiento real, mi experiencia efectiva y personal.

Durante varios años sufrí ataques de ese extraño trastorno que los médicos han decidido llamar catalepsia, a falta de un nombre que mejor lo defina. Aunque tanto las causas inmediatas como las predisposiciones e incluso el diagnóstico de esta enfermedad siguen siendo misteriosas, su carácter evidente y manifiesto es bien conocido. Las variaciones parecen serlo, principalmente, de grado. A veces el paciente se queda un solo día o incluso un período más breve en una especie de exagerado letargo. Está inconsciente y externamente inmóvil, pero las pulsaciones del corazón aún se perciben débilmente; quedan unos indicios de calor, una leve coloración persiste en el centro de las mejillas y, al aplicar un espejo a los labios, podemos detectar una torpe, desigual y vacilante actividad de los pulmones. Otras veces el trance dura semanas e incluso meses, mientras el examen más exhaustivo y las pruebas médicas más rigurosas no logran establecer ninguna diferencia material entre el estado de la víctima y lo que concebimos como muerte absoluta. Por regla general, lo salvan del entierro prematuro sus amigos, que saben que sufría anteriormente de catalepsia, y la consiguiente sospecha, pero sobre todo le salva la ausencia de corrupción. La enfermedad, por fortuna, avanza gradualmente. Las primeras manifestaciones, aunque marcadas, son inequívocas. Los ataques son cada vez más característicos y cada uno dura más que el anterior. En esto radica la mayor seguridad, de cara a evitar la inhumación. El desdichado cuyo primer ataque tuviera la gravedad con que en ocasiones se presenta, sería casi inevitablemente llevado vivo a la tumba.

Mi propio caso no difería en ningún detalle importante de los mencionados en los textos médicos. A veces, sin ninguna causa aparente, me hundía poco a poco en un estado de semisíncope, o casi desmayo, y ese estado, sin dolor, sin capacidad de moverme, o realmente de pensar, pero con una borrosa y letárgica conciencia de la vida y de la presencia de los que rodeaban mi cama, duraba hasta que la crisis de la enfermedad me devolvía, de repente, el perfecto conocimiento. Otras veces el ataque era rápido, fulminante. Me sentía enfermo, aterido, helado, con escalofríos y mareos, y, de repente, me caía postrado. Entonces, durante semanas, todo estaba vacío, negro, silencioso y la nada se convertía en el universo. La total aniquilación no podía ser mayor. Despertaba, sin embargo, de estos últimos ataques lenta y gradualmente, en contra de lo repentino del acceso. Así como amanece el día para el mendigo que vaga por las calles en la larga y desolada noche de invierno, sin amigos ni casa, así lenta, cansada, alegre volvía a mí la luz del alma. Pero, aparte de esta tendencia al síncope, mi salud general parecía buena, y no hubiera podido percibir que sufría esta enfermedad, a no ser que una peculiaridad de mi sueño pudiera considerarse provocada por ella. Al despertarme, nunca podía enseguida hacer uso completo de mis facultades, y permanecía siempre durante largo rato en un estado de azoramiento y perplejidad, ya que las facultades mentales en general y la memoria en particular se encontraban en absoluta suspensión.

En todos mis padecimientos no había sufrimiento físico, sino una infinita angustia moral. Mi imaginación se volvió macabra. Hablaba de "gusanos, de tumbas, de epitafios". Me perdía en meditaciones sobre la muerte, y la idea del entierro prematuro se apoderaba de mi mente. El espeluznante peligro al cual estaba expuesto me obsesionaba día y noche. Durante el primero, la tortura de la meditación era excesiva; durante la segunda, era suprema, Cuando las tétricas tinieblas se extendían sobre la tierra, entonces, cautivo de los más horribles pensamientos, temblaba, temblaba como las trémulas plumas de un coche fúnebre. Cuando mi naturaleza ya no aguantaba la vigilia, me sumía en una lucha que al fin me llevaba al sueño, pues me estremecía pensando que, al despertar, podía encontrarme metido en una tumba. Y cuando, por fin, me hundía en el sueño, lo hacía sólo para caer de inmediato en un mundo de fantasmas, sobre el cual flotaba con inmensas y tenebrosas alas negras la única, predominante y sepulcral idea. De las innumerables imágenes melancólicas que me oprimían en sueños escojo para mi relato una visión solitaria. Soñé que había caído en un trance cataléptico de más duración y profundidad que lo normal. De repente una mano helada se posó en mi frente y una voz impaciente, farfullante, susurró en mi oído: "¡Levántate!"

Me incorporé. La oscuridad era total. No podía ver la figura del que me había despertado. No podía recordar ni la hora en que había caído en trance, ni el lugar en que me encontraba. Mientras seguía inmóvil, intentando ordenar mis pensamientos, la fría mano me agarró con fuerza por la muñeca, sacudiéndola con petulancia, mientras la voz farfullante decía de nuevo:

—¡Levántate! ¿No te he dicho que te levantes?

—¿Y tú —pregunté— quién eres?

—No tengo nombre en las regiones donde habito —replicó la voz tristemente—. Fui un hombre y soy un espectro. Era despiadado, pero soy digno de lástima. Ya ves que tiemblo. Me rechinan los dientes cuando hablo, pero no es por el frío de la noche, de la noche eterna. Pero este horror es insoportable. ¿Cómo puedes dormir tú tranquilo? No me dejan descansar los gritos de estas largas agonías. Estos espectáculos son más de lo que puedo soportar. ¡Levántate! Ven conmigo a la noche exterior, y deja que te muestre las tumbas. ¿No es este un espectáculo de dolor?... ¡Mira!

Miré, y la figura invisible que aún seguía apretándome la muñeca consiguió abrir las tumbas de toda la humanidad, y de cada una salían las irradiaciones fosfóricas de la descomposición, de forma que pude ver sus más escondidos rincones y los cuerpos amortajados en su triste y solemne sueño con el gusano. Pero, ¡ay!, los que realmente dormían, aunque fueran muchos millones, eran menos que los que no dormían en absoluto, y había una débil lucha, y había un triste y general desasosiego, y de las profundidades de los innumerables pozos salía el melancólico frotar de las vestiduras de los enterrados. Y, entre aquellos que parecían descansar tranquilos, vi que muchos habían cambiado, en mayor o menor grado, la rígida e incómoda postura en que fueron sepultados. Y la voz me habló de nuevo, mientras contemplaba:

—¿No es esto, ¡ah!, acaso un espectáculo lastimoso?

Pero, antes de que encontrara palabras para contestar, la figura había soltado mi muñeca, las luces fosfóricas se extinguieron y las tumbas se cerraron con repentina violencia, mientras de ellas salía un tumulto de gritos desesperados, repitiendo: "¿No es esto, ¡Dios mío!, acaso un espectáculo lastimoso?"

Fantasías como ésta se presentaban por la noche y extendían su terrorífica influencia incluso en mis horas de vigilia. Mis nervios quedaron destrozados, y fui presa de un horror incesante. Ya no me atrevía a montar a caballo, a pasear, ni a practicar ningún ejercicio que me alejara de casa. En realidad, ya no me atrevía a fiarme de mí lejos de la presencia de los que conocían mi propensión a la catalepsia, por miedo de que, en uno de esos ataques, me enterraran antes de conocer mi estado realmente. Dudaba del cuidado y de la lealtad de mis amigos más queridos. Temía que, en un trance más largo de lo acostumbrado, se convencieran de que ya no había remedio. Incluso llegaba a temer que, como les causaba muchas molestias, quizá se alegraran de considerar que un ataque prolongado era la excusa suficiente para librarse definitivamente de mí. En vano trataban de tranquilizarme con las más solemnes promesas. Les exigía, con los juramentos más sagrados, que en ninguna circunstancia me enterraran hasta que la descomposición estuviera tan avanzada, que impidiese la conservación. Y aun así mis terrores mortales no hacían caso de razón alguna, no aceptaban ningún consuelo. Empecé con una serie de complejas precauciones. Entre otras, mandé remodelar la cripta familiar de forma que se pudiera abrir fácilmente desde dentro. A la más débil presión sobre una larga palanca que se extendía hasta muy dentro de la cripta, se abrirían rápidamente los portones de hierro. También estaba prevista la entrada libre de aire y de luz, y adecuados recipientes con alimentos y agua, al alcance del ataúd preparado para recibirme. Este ataúd estaba acolchado con un material suave y cálido y dotado de una tapa elaborada según el principio de la puerta de la cripta, incluyendo resortes ideados de forma que el más débil movimiento del cuerpo sería suficiente para que se soltara. Por otro lado, del techo de la tumba colgaba una gran campana, cuya soga pasaría (estaba previsto) por un agujero en el ataúd y estaría atada a una mano del cadáver. Pero, ¡ay!, ¿de qué sirve la precaución contra el destino del hombre? ¡Ni siquiera estas bien tramadas seguridades bastaban para librar de las angustias más extremas de la inhumación en vida a un infeliz destinado a ellas!

Llegó una época —como me había ocurrido antes a menudo— en que me encontré emergiendo de un estado de total inconsciencia a la primera sensación débil e indefinida de la existencia. Lentamente, con paso de tortuga, se acercaba el pálido amanecer gris del día psíquico. Un desasosiego aletargado. Una sensación apática de sordo dolor. Ninguna preocupación, ninguna esperanza, ningún esfuerzo. Entonces, después de un largo intervalo, un zumbido en los oídos. Luego, tras un lapso de tiempo más largo, una sensación de hormigueo o comezón en las extremidades; después, un período aparentemente eterno de placentera quietud, durante el cual las sensaciones que se despiertan luchan por transformarse en pensamientos; más tarde, otra corta zambullida en la nada; luego, un súbito restablecimiento. Al fin, el ligero estremecerse de un párpado; e inmediatamente después, un choque eléctrico de terror, mortal e indefinido, que envía la sangre a torrentes desde las sienes al corazón. Y entonces, el primer esfuerzo por pensar. Y entonces, el primer intento de recordar. Y entonces, un éxito parcial y evanescente. Y entonces, la memoria ha recobrado tanto su dominio, que, en cierta medida, tengo conciencia de mi estado. Siento que no me estoy despertando de un sueño corriente. Recuerdo que he sufrido de catalepsia. Y entonces, por fin, como si fuera la embestida de un océano, el único peligro horrendo, la única idea espectral y siempre presente agobia mi espíritu estremecido.

Unos minutos después de que esta fantasía se apoderase de mí, me quedé inmóvil. ¿Y por qué? No podía reunir valor para moverme. No me atrevía a hacer el esfuerzo que desvelara mi destino, sin embargo algo en mi corazón me susurraba que era seguro. La desesperación —tal como ninguna otra clase de desdicha produce—, sólo la desesperación me empujó, luego de una profunda duda, a abrir mis pesados párpados. Los levanté. Estaba oscuro, todo oscuro. Sabía que el ataque había terminado. Sabía que la situación crítica de mi trastorno había pasado. Sabía que había recuperado el uso de mis facultades visuales, y, sin embargo, todo estaba oscuro, oscuro, con la intensa y absoluta falta de luz de la noche que dura para siempre.

Intenté gritar, y mis labios y mi lengua reseca se movieron convulsivamente, pero ninguna voz salió de los cavernosos pulmones, que, oprimidos como por el peso de una montaña, jadeaban y palpitaban con el corazón en cada inspiración laboriosa y difícil. El movimiento de las mandíbulas, en el esfuerzo por gritar, me mostró que estaban atadas, como se hace con los muertos. Sentí también que yacía sobre una materia dura, y algo parecido me apretaba los costados. Hasta entonces no me había atrevido a mover ningún miembro, pero al fin levanté con violencia mis brazos, que estaban estirados, con las muñecas cruzadas. Chocaron con una materia sólida, que se extendía sobre mi cuerpo a no más de seis pulgadas de mi cara. Ya no dudaba que reposaba al fin dentro de un ataúd.

Y entonces, en medio de toda mi infinita desdicha, vino dulcemente la esperanza, como un querubín, pues pensé en mis precauciones. Me retorcí e hice espasmódicos esfuerzos para abrir la tapa: no se movía. Me toqué las muñecas buscando la soga: no la encontré. Y entonces mi consuelo huyó para siempre, y una desesperación aún más inflexible reinó triunfante pues no pude evitar percatarme de la ausencia de las almohadillas que había preparado con tanto cuidado, y entonces llegó de repente a mis narices el fuerte y peculiar olor de la tierra húmeda. La conclusión era irresistible. No estaba en la cripta. Había caído en trance lejos de casa, entre desconocidos, no podía recordar cuándo y cómo, y ellos me habían enterrado como a un perro, metido en algún ataúd común, cerrado con clavos, y arrojado bajo tierra, bajo tierra y para siempre, en alguna tumba común y anónima.

Cuando esta terrible certidumbre se abrió paso con fuerza hasta lo más íntimo de mi alma, luché una vez más por gritar. Y este segundo intento tuvo éxito. Un largo, salvaje y continuo grito o alarido de agonía resonó en los recintos de la noche subterránea.

—Oye, oye, ¿qué es eso? —dijo una áspera voz, como respuesta.

—¿Qué diablos pasa ahora? —dijo un segundo..

—¡Fuera de ahí! —dijo un tercero.

—¿Por qué aúlla de esa manera, como un gato montés? —dijo un cuarto.

Y entonces unos individuos de aspecto rudo me sujetaron y me sacudieron sin ninguna consideración. No me despertaron del sueño, pues estaba completamente despierto cuando grité, pero me devolvieron la plena posesión de mi memoria.

Esta aventura ocurrió cerca de Richmond, en Virginia. Acompañado de un amigo, había bajado, en una expedición de caza, unas millas por las orillas del río James. Se acercaba la noche cuando nos sorprendió una tormenta. La cabina de una pequeña chalupa anclada en la corriente y cargada de tierra vegetal nos ofreció el único refugio posible. Le sacamos el mayor provecho que se pudo y pasamos la noche a bordo. Me dormí en una de las dos literas; no hace falta describir las literas de una chalupa de sesenta o setenta toneladas. La que yo ocupaba no tenía ropa de cama. Tenía una anchura de dieciocho pulgadas. El trayecto entre el fondo y la cubierta era exactamente el mismo. Me resultó muy embarazoso meterme en ella. Sin embargo, dormí profundamente, y toda mi visión —pues no era ni un sueño ni una pesadilla— surgió naturalmente de las circunstancias de mi postura, de la tendencia habitual de mis pensamientos, y de la dificultad, que ya he mencionado, de concentrar mis sentidos y sobre todo de recobrar la memoria durante largo rato después de despertarme. Los hombres que me sacudieron eran los tripulantes de la chalupa y algunos jornaleros contratados para descargarla. De la misma carga emanaba el olor a tierra. La venda en torno a las mandíbulas era un pañuelo de seda con el que me había atado la cabeza, a falta de gorro de dormir.

Las torturas que soporté, sin embargo, fueron indudablemente iguales en aquel momento a las de la verdadera sepultura. Eran de un horror inconcebible, increíblemente espantosas; pero del mal procede el bien, pues su mismo exceso provocó en mi espíritu una reacción inevitable. Mi alma adquirió temple, vigor. Salí fuera. Hice ejercicios duros. Respiré aire puro. Pensé en más cosas que en la muerte. Abandoné mis textos médicos. Quemé el libro de Buchan. No leí más pensamientos nocturnos, ni grandilocuencias sobre cementerios, ni cuentos de miedo como éste. En muy poco tiempo me convertí en un hombre nuevo y viví una vida de hombre. Desde aquella noche memorable descarté para siempre mis aprensiones sepulcrales y con ellas se desvanecieron los achaques catalépticos, de los cuales quizá fueran menos consecuencia que causa. Hay momentos en que, incluso para el sereno ojo de la razón, el mundo de nuestra triste humanidad puede parecer el infierno, pero la imaginación del hombre no es Caratis para explorar con impunidad todas sus cavernas. ¡Ay!, la torva legión de los terrores sepulcrales no se puede considerar como completamente imaginaria, pero los demonios, en cuya compañía Afrasiab hizo su viaje por el Oxus, tienen que dormir o nos devorarán..., hay que permitirles que duerman, o pereceremos.

La caja oblonga

Hace años, a fin de viajar de Charleston, en la Carolina del Sur, a Nueva York, reservé pasaje a bordo del excelente paquebote Independence, al mando del capitán Hardy. Si el tiempo lo permitía, zarparíamos el 15 de aquel mes (junio); el día anterior, o sea el 14, subí a bordo para disponer algunas cosas en mi camarote.

Descubrí así que tendríamos a bordo gran número de pasajeros, incluyendo una cantidad de damas superior a la habitual. Noté que en la lista figuraban varios conocidos y, entre otros nombres, me alegré de encontrar el de Mr. Cornelius Wyatt, joven artista que me inspiraba un marcado sentimiento amistoso. Habíamos sido condiscípulos en la Universidad de C... y solíamos andar siempre juntos. Su temperamento era el de todo hombre de talento y consistía en una mezcla de misantropía, sensibilidad y entusiasmo. A esas características unía el corazón más ardiente y sincero que jamás haya latido en un pecho humano.

Observé que el nombre de mi amigo aparecía colocado en las puertas de tres camarotes, y luego de recorrer otra vez la lista de pasajeros, vi que había sacado pasaje para sus dos hermanas, su esposa y él mismo. Los camarotes eran suficientemente amplios y tenían dos literas, una sobre la otra. Excesivamente estrechas, las literas no podían recibir a más de una persona; de todos modos no alcancé a comprender por qué, para cuatro pasajeros, se habían reservado tres camarotes. En esa época me encontraba justamente en uno de esos estados de melancolía espiritual que inducen a un hombre a mostrarse anormalmente inquisitivo sobre simples insignificancias; confieso avergonzado, pues, que me entregué a una serie de conjeturas tan enfermizas como absurdas sobre aquel camarote de más. No era asunto de mi incumbencia, claro está, pero lo mismo me dediqué pertinazmente a reflexionar sobre la solución del enigma. Por fin llegué a una conclusión que me asombró no haber columbrado antes: «Se trata de una criada, por supuesto —me dije—. ¡Se precisa ser tonto para no pensar antes en algo tan obvio!»

Miré nuevamente la lista de pasajeros, descubriendo entonces que ninguna criada habría de embarcarse con la familia, aunque por lo visto tal había sido en principio la intención, ya que luego de escribir: «y criada», habían tachado las palabras. «Pues entonces se trata de un exceso de equipaje —me dije—, algo que Wyatt no quiere hacer bajar a la cala y prefiere tener a mano... ¡Ah, ya veo: un cuadro! Por eso es que ha andado frecuentando con Nicolino, el judío italiano.»

La suposición me satisfizo y por el momento dejé de lado mi curiosidad.

Conocía muy bien a las dos hermanas de Wyatt, jóvenes tan amables como inteligentes. En cuanto a su esposa, como aquél llevaba poco tiempo de casado, aún no había podido conocerla. Wyatt la había mencionado muchas veces en mi presencia, con su estilo habitual lleno de entusiasmo. La describía como de espléndida belleza, llena de ingenio y cualidades. De ahí que me sintiera muy ansioso por conocerla.

El día en que visité el barco (el 14), el capitán me informó que también Wyatt y los suyos concurrirían a bordo, por lo cual me quedé una hora con la esperanza de ser presentado a la joven esposa. Pero al fin se me informó que «la señora Wyatt se encontraba indispuesta y que no subiría a bordo hasta el día siguiente, a la hora de zarpar».

Llegó el momento, y me dirigía de mi hotel al embarcadero cuando encontré al capitán Hardy, quien me dijo que, «debido a las circunstancias» (frase tan estúpida como conveniente), el Independence no se haría a la mar hasta uno o dos días después, y que, cuando todo estuviera listo, me mandaría avisar para que me embarcara.

Encontré esto bastante extraño, ya que soplaba una sostenida brisa del Sur, pero como «las circunstancias» no salían a luz, pese a que indagué todo lo posible al respecto, no tuve más remedio que volverme al hotel y disipar a solas mi impaciencia.

Pasó casi una semana sin que llegara el esperado aviso del capitán. Lo recibí por fin y me embarqué de inmediato. El barco estaba repleto de pasajeros y había la confusión habitual en el momento de izar velas. El grupo de Wyatt llegó unos diez minutos después que yo. Estaban allí las dos hermanas, la esposa y el artista —este último en uno de sus habituales accesos de melancólica misantropía—. Demasiado conocía su humor, sin embargo, para prestarle especial atención. Ni siquiera se molestó en presentarme a su esposa, quedando este deber de cortesía a cargo de su hermana Marian, tan amable como inteligente, quien con breves y presurosas palabras nos presentó el uno a la otra.

La señora Wyatt se cubría con un espeso velo y, cuando lo levantó para contestar a mi saludo, debo reconocer que me quedé profundamente asombrado. Pero mucho más me hubiera asombrado de no tener ya el hábito de aceptar a beneficio de inventario las entusiastas descripciones de mi amigo, toda vez que se recreaba sobre la hermosura femenina. Cuando la belleza constituía su tema, sabía de sobra con qué facilidad se remontaba a las regiones del puro ideal.

La verdad es que no pude dejar de advertir que la señora Wyatt era una mujer decididamente vulgar. Si no fea del todo, me temo que no le andaba muy lejos. Vestía, sin embargo, con exquisito gusto, y no dudé de que hubiera cautivado el corazón de mi amigo con las gracias más perdurables del intelecto y del alma. Pronunció muy pocas palabras, e inmediatamente entró en el camarote en compañía de su esposo.

Mi anterior curiosidad volvió a dominarme. No había ninguna criada, y de eso no cabía duda. Me puse a observar en busca del equipaje extra. Luego de alguna demora, llegó al embarcadero un carro conteniendo una caja oblonga de pino, que al parecer era lo único que se esperaba. Apenas a bordo la caja, levamos ancla, y poco después de cruzar felizmente la barra enfrentamos el mar abierto.

He dicho que la caja en cuestión era oblonga. Tendría unos seis pies de largo por dos y medio de ancho. La observé atentamente, y además me gusta ser preciso. Ahora bien, su forma era peculiar y, tan pronto la hube contemplado en detalle, me felicité por lo atinado de mis conjeturas. Se recordará que, de acuerdo con éstas, el equipaje extra de mi amigo el artista debía consistir en cuadros, o por lo menos en un cuadro. No ignoraba que durante varias semanas Wyatt había mantenido conversaciones con Nicolino, y ahora veía a bordo una caja que, a juzgar por su forma, sólo podía servir para guardar una copia de La última cena de Leonardo; no ignoraba, además, que una copia de esa pintura, ejecutada en Florencia por Rubini el joven, había estado cierto tiempo en posesión de Nicolino. Me pareció, pues, que la cuestión quedaba suficientemente resuelta. Me reí, quizá demasiado, pensando en mi perspicacia. Era la primera vez que, hasta donde podía saberlo, Wyatt me ocultaba alguno de sus secretos artísticos; pero no cabía duda de que en esta ocasión trataba de hacerme una treta y pasar de contrabando a Nueva York una magnífica pintura, confiando en que no me daría cuenta de nada. Resolví tomarme un buen desquite, sin esperar mucho.

Había no obstante algo que me fastidiaba. La caja no fue colocada en el camarote sobrante, sino depositada en el de Wyatt, donde ocupaba casi por completo el piso para evidente incomodidad del artista y de su esposa, acrecentada además porque la brea o la pintura con la cual se habían trazado grandes letras emitía un olor muy fuerte, desagradable y, para mí, especialmente repugnante. Sobre la tapa aparecían estas palabras: «Sra. Adelaide Curtis, Albany, Nueva York. Envío de Cornelius Wyatt, Esq. Este lado hacia arriba. Trátese con cuidado.»

Estaba yo enterado de que la señora Adelaide Curtis, de Albany, era la suegra del artista, pero consideré que éste había hecho estampar su nombre a fin de desviar mi atención. Me sentía seguro de que la caja y su contenido no seguirían viaje a Albany, sino que quedarían en el estudio de mi misantrópico amigo, en la calle Chambers de Nueva York.

Durante los primeros tres o cuatro días tuvimos un tiempo excelente a pesar del viento de proa —pues había virado al Norte apenas hubimos perdido de vista la costa—. Por consiguiente, los pasajeros estaban de muy buen humor y dispuestos a la sociabilidad. Tengo que exceptuar, sin embargo, a Wyatt y a sus hermanas, que se mostraban reservados y fríos, en forma que no pude menos de considerar descortés hacia el resto del pasaje. De la conducta de Wyatt no me preocupaba mucho. Estaba melancólico más allá de lo acostumbrado en él; incluso diré que se mostraba lúgubre, pero no podía extrañarme dadas sus excentricidades. En cambio me resultaba imposible excusar a sus hermanas. Se encerraban en su camarote la mayor parte del día, negándose terminantemente, a pesar de mi insistencia, a alternar con nadie a bordo.

La señora Wyatt era, en cambio, mucho más agradable. Vale decir que era parlanchina, y esto tiene mucha importancia en un viaje por mar. Pronto se mostró excesivamente familiar con la mayoría de las señoras y, para mi profundo asombro, mostró una tendencia poco disimulada a coquetear con los hombres. A todos nos divertía muchísimo.

Digo «divertía», pero apenas si sé cómo explicarme. La verdad es que muy pronto advertí que la gente se reía más de ella que por ella. Los caballeros reservaban sus opiniones, pero las damas no tardaron en declararla «una excelente mujer, nada bonita, sin la menor educación y decididamente vulgar». Lo que asombraba a todos era cómo Wyatt había podido caer en la trampa de semejante matrimonio. Se pensaba, claro está, en razones de fortuna, pero yo sabía que la solución no residía en eso, pues Wyatt me había informado que su esposa no aportaba un solo centavo al matrimonio, ni tenía la menor esperanza de heredar. Se había casado con ella —según me dijo— por amor y solamente por amor, pues su esposa era más que merecedora de cariño.

Pensando en estas frases de mi amigo me sentí perplejo más allá de toda descripción. ¿Podía ser que estuviera perdiendo la razón? ¿Qué otra cosa podía pensar? Él, tan refinado, tan intelectual, tan exquisito, con una percepción finísima de todo lo imperfecto, con tan aguda apreciación de la belleza. A decir verdad, la dama parecía muy enamorada de él —especialmente en su ausencia—, y se ponía en ridículo al citar repetidamente lo que había dicho «su adorado esposo, el señor Wyatt». La palabra «esposo» parecía siempre —para usar una de sus delicadas expresiones— «en la punta de su lengua». Pero mientras tanto todos advirtieron que él la evadía de la manera más evidente y que prefería encerrarse solo en su camarote, donde bien podía decirse que vivía, dejando plena libertad a su esposa para que se divirtiera a gusto en las reuniones del salón.

De lo que había visto y oído extraje la conclusión de que el artista, movido por algún inexplicable capricho del destino, o presa quizá de un acceso de pasión tan entusiasta como fantástico, se había unido a una persona por completo inferior a él, y que no había tardado en sucumbir a la consecuencia natural, o sea a la más viva repugnancia. Me apiadé de él desde lo más profundo de mi corazón, pero no por ello pude perdonarle el secreto que había mantenido sobre el embarque de La última cena. Continué, pues, resuelto a saborear mi venganza.

Un día subió Wyatt al puente y, luego de tomarlo del brazo como era mi antigua costumbre, echamos a andar de un lado a otro. Su melancolía (que yo encontraba muy natural dadas las circunstancias) continuaba invariable. Habló poco, con tono malhumorado y haciendo un gran esfuerzo. Arriesgué una broma y vi que luchaba penosamente por sonreír. ¡Pobre diablo! Pensando en su esposa, me maravillaba que fuera incluso capaz de aparentar alegría. Pero, finalmente, me determiné a sondearlo a fondo, comenzando una serie de veladas insinuaciones sobre la caja oblonga, a fin de que, poco a poco, se diera cuenta de que yo no era para nada víctima de su pequeño engaño. Con tal propósito, y a fin de descubrir mis sospechas, dije algo sobre la «curiosa forma de esa caja»; y al pronunciar estas palabras le hice una sonrisa de inteligencia, le guiñé un ojo, todo esto mientras le daba suavemente con el dedo en las costillas.

La manera con que Wyatt recibió tan inocente broma me convenció al punto de que se había vuelto loco. Primeramente me miró como si le resultara imposible comprender el ingenio de mi observación; pero, a medida que mis palabras iban abriéndose lentamente paso en su cerebro, los ojos parecieron querer salírsele de las órbitas. Su rostro se puso escarlata, luego palideció espantosamente y, como si lo que yo había sugerido le divirtiera muchísimo, estalló en carcajadas que, para mi estupefacción, se prolongaron cada vez con más fuerza durante largos minutos. Finalmente se desplomó pesadamente sobre cubierta; mientras me esforzaba por levantarle, tuve la impresión de que había muerto.

Pedí auxilio y, con mucho trabajo, le hicimos volver en sí. Apenas reaccionó se puso a hablar incoherentemente, hasta que le sangramos y le metimos en cama. A la mañana siguiente se había recobrado del todo, por lo menos en lo que se refiere a la salud física. De su mente prefiero no decir nada. Evité encontrarme con él durante el resto del viaje, siguiendo el consejo del capitán, quien parecía coincidir plenamente conmigo en que Wyatt estaba loco, pero me pidió que no dijese nada a los restantes pasajeros.

Seguidamente después de la crisis de mi amigo sucedieron varias cosas que exaltaron todavía más la curiosidad que embargaba. Entre otras, señalaré la siguiente: Me sentía nervioso por haber bebido demasiado té verde, y dormía mal, tanto que durante dos noches no pude pegar los ojos. Mi camarote daba al salón principal, o salón comedor, como todos los camarotes ocupados por hombres solos. Las tres cabinas de Wyatt comunicaban con el salón posterior, el cual estaba separado del principal por una liviana puerta corrediza que no se cerraba nunca, ni siquiera de noche. Como seguíamos navegando con viento en contra, el barco escoraba acentuadamente a sotavento y, cada vez que el lado de estribor se inclinaba en ese sentido, la puerta divisoria se corría y quedaba en esa posición, sin que nadie se molestara en levantarse y cerrarla. Mi camarote Encontrábase en una posición tal que, cuando tenía abierta la puerta (lo que ocurría siempre, a causa del calor), podía ver con toda claridad el salón posterior, e incluso esa parte adonde daban los camarotes de Wyatt. Pues bien, durante dos noches (no consecutivas), en que me encontraba despierto, vi que, a eso de las once, la señora Wyatt salía cautelosamente del camarote de su esposo y entraba en el camarote sobrante, donde permanecía hasta la madrugada, hora en que Wyatt iba a buscarla y la hacía entrar nuevamente en su cabina. Resultaba claro, pues, que el matrimonio estaba separado. Ocupaban habitaciones aparte, sin duda a la espera de un divorcio más absoluto; y pensé que en eso residía, después de todo, el misterio del camarote adicional.

Mucha curiosidad despertó en mi, además, otra circunstancia. Durante las dos noches de insomnio a que he aludido, e inmediatamente después que la señora Wyatt hubo entrado en el tercer camarote, atrajeron mi atención ciertos singulares sonidos ahogados que brotaban del de su esposo. Tras de escuchar un tiempo, logré explicarme perfectamente su significado. Aquellos ruidos los producía el artista al abrir la caja oblonga mediante un escoplo y una maza, esta última envuelta en alguna materia algodonosa o de lana que amortiguaba los golpes.

A fuerza de escuchar me pareció que podía distinguir el preciso momento en que Wyatt levantaba la tapa, y también cuando la retiraba a fin de depositarla en la litera superior de su cabina. Me di cuenta de esto último a causa de los golpecitos que daba la tapa contra los tabiques de madera del camarote, mientras que Wyatt trataba de depositarla con toda suavidad en la litera, por no haber espacio en el suelo. A eso seguía un profundo silencio, sin que volviera a escuchar nada hasta el amanecer, como no fuera, si cabe mencionarlo, un leve sonido semejante a sollozos o suspiros, tan sofocados que resultaban casi inaudibles —a menos que se tratara de un producto de mi imaginación—. He dicho que aquello hacía pensar en sollozos o suspiros, pero muy bien podía tratarse de otra cosa; más bien cabía pensar en una ilusión auditiva. Sin duda, de acuerdo con sus hábitos, Wyatt se entregaba a uno de sus caprichos, dejándose llevar por un arrebato de entusiasmo artístico, y abría la caja oblonga a fin de regalar sus ojos con el tesoro pictórico que encerraba. Por supuesto, nada había en esto que justificara un rumor de sollozos; repito, pues, que debía tratarse de una alucinación de mi mente, excitada por el té verde del excelente capitán Hardy. En las dos noches de que he hablado, poco antes del alba oí cómo Wyatt volvía a colocar la tapa sobre la caja oblonga, introduciendo los clavos en sus agujeros por medio de la maza envuelta en trapos. Hecho esto salía de su camarote completamente vestido e iba en busca de la señora Wyatt, que se encontraba en la otra cabina.

Llevábamos siete días en el mar y habíamos pasado ya el cabo Hatteras, cuando nos asaltó un fortísimo viento del sudoeste. Como el tiempo se había mostrado amenazante, no nos tomó desprevenidos. Todo a bordo estaba bien aparejado y, cuando el viento se hizo más intenso, nos dejamos llevar con dos rizos de la mesana cangreja y el trinquete.

Con este velamen navegamos sin mayor peligro durante cuarenta y ocho horas, ya que el barco resultó ser muy marino y no hacía agua. Pero, al cumplirse este tiempo, el viento se transformó en huracán y la mesana cangreja se hizo pedazos, con lo cual quedamos de tal modo a merced de los elementos que de inmediato nos barrieron varias olas enormes, en rápida sucesión. Este accidente nos hizo perder tres hombres, aparte de quedar destrozadas las amuradas de babor y la cocina. Apenas habíamos recobrado algo de calma cuando el trinquete voló en jirones, lo que nos obligó a izar una vela de estay, pudiendo así resistir algunas horas, pues el barco capeaba el temporal con mayor estabilidad que antes.

Pero el huracán mantenía toda su fuerza, sin dar señales de disminuir. Pronto se vio que la enjarciadura estaba en mal estado, soportando una excesiva tensión; al tercer día de la tempestad, a las cinco de la tarde, un terrible bandazo a barlovento mandó por la borda nuestro palo de mesana. Durante más de una hora guerreamos por terminar de desprenderlo del buque, a causa del terrible rolido; antes de lograrlo, el carpintero subió a anunciarnos que había cuatro pies de agua en la sentina. Para colmo de males descubrimos que las bombas estaban atascadas y que apenas servían.

Todo era ahora confusión y angustia, pero continuamos guerreando para aligerar el buque, tirando por la borda la mayor parte del cargamento y cortando los dos mástiles que quedaban. Todo esto se llevó a cabo, pero las bombas seguían inutilizables y la vía de agua continuaba inundando la cala.

A la puesta del sol el huracán había disminuido sensiblemente y, como el mar se calmara, abrigábamos todavía esperanzas de salvarnos en los botes. A las ocho de la noche las nubes se abrieron a barlovento y tuvimos la ventaja de que nos iluminara la luna llena, lo cual devolvió el ánimo a nuestros abatidos espíritus.

Después de una increíble labor pudimos por fin botar al agua la chalupa y embarcamos en ella a la totalidad de la tripulación y a la mayor parte de los pasajeros. Alejóse la chalupa y, al cabo de muchísimos sufrimientos, llegó finalmente sana y salva a Ocracoke Inlet, tres días después del naufragio.

Catorce pasajeros quedamos a bordo con el capitán, resueltos a intentar fortuna en el botequín de popa. Lo botamos sin dificultad, aunque sólo por milagro no se volcó al tocar el agua, y embarcaron en él el capitán y su esposa, Wyatt y su familia, un oficial mexicano con su esposa y sus cuatro hijos, y yo con mi criado de color.

Como es natural, no había allí espacio para otra cosa que unos pocos instrumentos imprescindibles, provisiones y las ropas que llevábamos puestas. Nadie había pensado siquiera en salvar otros bienes. ¡Cuál no sería nuestro asombro cuando, apenas alejados del barco, vimos a Wyatt que se ponía de pie en la popa del bote y, fríamente, pedía al capitán Hardy que nos acercáramos otra vez al barco para embarcar su caja oblonga!

—Siéntese usted, señor Wyatt —replicó el capitán con alguna severidad—. Terminará por hacer zozobrar el bote si no se está quieto. ¿No ve que la borda está al ras del agua?

—¡La caja! —vociferó Wyatt, siempre de pie—. ¡La caja, le digo! Capitán Hardy, no puede usted rehusarme lo que le pido... ¡No, no puede! ¡No pesa casi nada.... apenas una nada! ¡Por la madre que le dio a luz, por el amor del cielo, por lo que más quiera... le imploro que volvamos a buscar la caja!

Durante un momento el capitán pareció conmovido por las súplicas, pero no tardó en recobrar su aire huraño y replicó:

—Señor Wyatt, usted está loco, y no lo escucharé. ¡Siéntese le digo, o hará zozobrar el bote! ¡Vosotros, sujetadlo... pronto... o saltará al agua...! ¡Ah... demasiado tarde!

En efecto, al decir el capitán estas palabras, Wyatt se había arrojado al agua y, como todavía estábamos al socaire del buque, logró, tras un sobrehumano esfuerzo, sujetarse de una cuerda que colgaba a proa. Un instante después trepaba a cubierta y corría frenéticamente hacia la escotilla que llevaba a los camarotes.

Entretanto habíamos sido llevados hacia la popa del barco y, sin la protección de su casco, quedamos inmediatamente a merced del terrible oleaje. Nos esforzamos por acercarnos otra vez, pero nuestro pequeño bote era como una pluma en el soplo de la tempestad. Nos bastó una ojeada para comprender que el destino del infortunado artista estaba sellado.

A medida que aumentaba nuestra distancia del buque casi sumergido, vimos que el loco (ya que sólo podíamos considerarlo como tal) aparecía otra vez en cubierta y, con fuerzas que parecían las de un gigante, arrastraba consigo la caja oblonga. Mientras lo contemplábamos en el colmo de la estupefacción, vimos que enrollaba rápidamente una cuerda a la caja y la pasaba luego varias veces por su cuerpo. Un instante después ambos caían al mar, desapareciendo instantáneamente y para siempre.

Por un instante suspendimos el movimiento de los remos, clavados los ojos en el lugar del drama. Por fin reanudamos nuestros esfuerzos, y pasó una hora sin que nadie dijera una palabra. Yo me atreví, por fin, a insinuar una observación.

—¿Reparó usted, capitán, en cómo se hundieron de golpe? ¿No es sumamente curioso? Confieso que, por un momento, tuve una débil esperanza de que Wyatt se salvaría, al ver que se ataba a la caja y se confiaba así al mar.

—Por supuesto que se hundieron, y con la rapidez de una bala de plomo —repuso el capitán—. Sin embargo volverán a subir a la superficie... pero no antes de que la sal se disuelva.

—¡La sal! —exclamé.

—¡Sh...! —dijo el capitán, señalándome a la esposa y hermanas del muerto—. Ya hablaremos de esas cosas en un momento más oportuno.

Mucho sufrimos, y escapamos por muy poco de la muerte, pero la fortuna nos favoreció al igual que a nuestros camaradas de la chalupa. Más muertos que vivos, después de cuatro días de horrible angustia, tocamos tierra en la playa opuesta a Roanoke Island. Permanecimos allí una semana, pues los raqueros no nos trataron mal, y finalmente encontramos la manera de llegar a Nueva York.

Un mes después de la pérdida del Independence, me encontré casualmente en Broadway con el capitán Hardy. Como es natural, nuestra conversación versó sobre el naufragio y, en especial, sobre el triste destino del pobre Wyatt. En esa oportunidad me enteré de los detalles siguientes:

El artista había tomado pasaje para él, su esposa, sus dos hermanas y una criada. Tal como él la había descrito, su esposa era la más encantadora y cultivada de las mujeres. En la mañana del 14 de junio (día en que visité por primera vez el barco), la señora Wyatt enfermó repentinamente y murió. El joven esposo estaba enloquecido de dolor, pero las circunstancias le impedían aplazar su viaje a Nueva York. Era necesario que llevara a su madre el cuerpo de la esposa adorada, aunque, por otra parte, no ignoraba que un prejuicio universal le impediría hacerlo abiertamente. De cada diez pasajeros, nueve habrían abandonado el barco antes de hacerse a la mar en compañía de un cadáver.

En este aprieto, el capitán Hardy consintió en que el cuerpo, parcialmente embalsamado y colocado entre espesas capas de sal en una caja de dimensiones adecuadas, fuera subido a bordo como si se tratara de una mercancía. Nada se diría sobre el fallecimiento de la dama; mas, como ya era sabido que Wyatt había tomado pasaje para él y su esposa, fue preciso encontrar a alguien que desempeñara el papel de esta última durante el viaje. La doncella de la difunta aceptó ese papel voluntariamente. El camarote sobrante, que en principio había sido tomado para la criada, fue, naturalmente, conservado. Allí dormía aquélla, como se supondrá, todas las noches. De día representaba, en la medida de sus posibilidades, el papel de ama —cuya persona era totalmente desconocida para los pasajeros de a bordo, como se tuvo buen cuidado de verificar previamente.

En relación a mi confusión, nació de un temperamento demasiado negligente, inquisidor e impulsivo. Pero, desde entonces, es muy raro que duerma bien de noche. De cualquier lado que me vuelva, hay siempre un rostro que me hostiga. Y una risa histérica resonará para siempre en mis oídos.

Conversación con una momia

El symposium de la noche anterior había sido un tanto excesivo para mis nervios. Me dolía horriblemente la cabeza y me dominaba una invencible modorra. Por ello, en vez de pasar la velada fuera de casa como me lo había propuesto, se me ocurrió que lo más sensato era comer un bocado e irme inmediatamente a la cama.

Hablo, claro está, de una cena liviana. Nada me gusta tanto como las tostadas con queso y cerveza. Más de una libra por vez, sin embargo, no es muy aconsejable en ciertos casos. En cambio, no hay ninguna oposición que hacer a dos libras. Y, para ser franco, entre dos y tres no hay más que una unidad de diferencia. Puede ser que esa noche haya llegado a cuatro. Mi mujer sostiene que comí cinco, aunque con seguridad confundió dos cosas muy diferentes. Estoy dispuesto a admitir la cantidad abstracta de cinco; pero, en concreto, se refiere a las botellas de cerveza que las tostadas de queso requieren imprescindiblemente a manera de condimento.

Habiendo así dado fin a una cena frugal, me puse mi gorro de dormir con intención de no quitármelo hasta las doce del día siguiente, apoyé la cabeza en la almohada y, ayudado por una conciencia sin reproches, me sumí en profundo sueño.

Mas, ¿cuándo se vieron cumplidas las esperanzas humanas? Apenas había completado mi tercer ronquido cuando la campanilla de la puerta se puso a sonar furiosamente, seguida de unos golpes de llamador que me despertaron al instante. Un minuto después, mientras estaba frotándome los ojos, entró mi mujer con una carta que me arrojó a la cara y que procedía de mi viejo amigo el doctor Ponnonner. Decía así:

> Deje usted cualquier cosa, querido amigo, apenas reciba esta carta. Venga y agréguese a nuestro regocijo. Por fin, después de persistentes gestiones, he obtenido el consentimiento de los directores del Museo para proceder al examen de la momia. Ya sabe a cuál me refiero. Tengo permiso para quitarle las vendas y abrirla si así me parece. Sólo unos pocos amigos estarán presentes... y usted, naturalmente. La momia se encuentra en mi casa y empezaremos a desatarla a las once de la noche.
>
> Su amigo,
> Ponnonner.

Cuando llegué a la firma, me pareció que ya estaba todo lo despierto que puede estarlo un hombre.

Salté de la cama como en éxtasis, derrumbando cuanto encontraba a mi paso; me vestí con maravillosa rapidez y corrí a todo lo que daba a casa del doctor.

Encontré allí a un grupo de personas llenas de ansiedad. Me habían estado esperando con impaciencia. La momia encontrándose apostada sobre la mesa del comedor, y apenas hube entrado comenzó el examen.

Aquella momia era una de las dos traídas pocos años antes por el capitán Arthur Sabretash, primo de Ponnonner, de una tumba cerca de Eleithias, en las montañas líbicas, a considerable distancia de Tebas, sobre el Nilo. En aquella región, aunque las grutas son menos magníficas que las tebanas, presentan mayor interés pues proporcionan muchísimos datos sobre la vida privada de los egipcios. La cámara de donde había sido extraída nuestra momia era riquísima en esta clase de datos; sus paredes aparecían íntegramente cubiertas de frescos y bajorrelieves, mientras que las estatuas, vasos y mosaicos de finísimo diseño indicaban la fortuna del difunto.

El tesoro había sido depositado en el museo en la misma condición en que lo encontrara el capitán Sabretash, vale decir que nadie había tocado el ataúd. Durante ocho años había quedado allí sometido tan sólo a las miradas exteriores del público. Teníamos ahora, pues, la momia intacta a nuestra disposición; y aquellos que saben cuan raramente llegan a nuestras playas antigüedades no robadas, comprenderán que no nos faltaban razones para congratularnos de nuestra buena fortuna.

Aproximándose a la mesa, vi una gran caja de casi siete pies de largo, unos tres de ancho y dos y medio de profundidad. Era prolongada, pero no en forma de ataúd. Supusimos al comienzo que había sido construida con madera (platanus), pero al cortar un trozo vimos que se trataba de cartón o, mejor dicho, de papier mâché compuesto de papiro. Aparecía densamente adornada de pinturas que representaban escenas funerarias y otros temas de duelo; entre ellos, y ocupando todas las posiciones, veíanse grupos de caracteres jeroglíficos que sin duda contenían el nombre del difunto. Por fortuna, Mr. Gliddon era de la partida, y no tuvo dificultad en traducir los signos —simplemente fonéticos— y decirnos que componían la palabra Allamistakeo.

Nos costó algún trabajo abrir la caja sin estropearla, pero luego de hacerlo dimos con una segunda, en forma de ataúd, mucho menor que la primera, aunque en todo sentido parecida. El hueco entre las dos había sido rellenado con resina, por lo cual los colores de la caja interna estaban algo borrados.

Al abrirla —cosa que no nos dio ningún trabajo— llegamos a una tercera caja, también en forma de ataúd, idéntica a la segunda, salvo que era de cedro y emitía aún el peculiar aroma de esa madera. No había intervalo entre la segunda y la tercera caja, que estaban sumamente ajustadas.

Abierta esta última, encontramos y extrajimos el cuerpo. Habíamos supuesto que, como de costumbre, estaría envuelto en vendas o fajas de lino; pero, en su lugar, encontramos una especie de estuche de papiro cubierto de una capa de yeso toscamente dorada y pintada. Las pinturas representaban temas correspondientes a los varios deberes del alma y su presentación ante diferentes deidades, todo ello acompañado de numerosas figuras humanas idénticas, que probablemente pretendían ser retratos de la persona difunta. Extendida de la cabeza a los pies aparecía una inscripción en forma de columna, trazada en jeroglíficos fonéticos, la cual repetía el nombre y títulos del muerto, y los nombres y títulos de sus parientes.

En el cuello de la momia, que brotaba de aquel estuche, había un collar de cuentas cilíndricas de vidrio y de diversos colores, dispuestas de manera que formaban imágenes de dioses, el escarabajo sagrado y el globo alado. La cintura estaba ceñida por un cinturón o collar parecido.

Removiendo el papiro, descubrimos que la carne se encontraba perfectamente conservada y que no despedía el menor olor. Era de coloración rojiza. La piel aparecía muy seca, lisa y brillante. Dientes y cabello se encontraban en buen estado. Los ojos (según nos pareció) habían sido extraídos y reemplazados por otros de vidrio, muy hermosos y de extraordinario parecido a los naturales, salvo que miraban de una manera demasiado fija. Los dedos y las uñas habían sido brillantemente dorados.

Mr. Gliddon era de opinión que, dada la rojez de la epidermis, el embalsamamiento debía haberse efectuado con betún; pero, al raspar la superficie con un instrumento de acero y arrojar al fuego el polvo así obtenido, percibimos el perfume del alcanfor y de otras gomas aromáticas.

Examinamos cuidadosamente el cadáver, buscando las habituales aberturas por las cuales se extraían las entrañas, pero, con gran sorpresa, no las descubrimos. Ninguno de nosotros sabía en aquel momento que con frecuencia suelen encontrarse momias que no han sido vaciadas. Por lo regular se acostumbraba extraer el cerebro por las fosas nasales y los intestinos por una incisión del costado; el cuerpo era luego afeitado, lavado y puesto en salmuera, donde permanecía varias semanas, hasta el momento del embalsamamiento propiamente dicho.

Como no encontrábamos la menor señal de una abertura, el doctor Ponnonner preparaba ya sus instrumentos de disección, cuando hice notar que eran más de las dos de la mañana. Se decidió entonces posponer el examen interno hasta la noche siguiente, y estábamos a punto de separarnos, cuando alguien sugirió hacer una o dos experiencias con la pila voltaica.

Si la aplicación de electricidad a una momia cuya antigüedad se remontaba por lo menos a tres o cuatro mil años no era demasiado sensato, resultaba en cambio lo bastante original como para que todos aprobáramos la idea. Un décimo en serio y nueve décimos en broma, preparamos una batería en el consultorio del doctor y trasladamos allí a nuestro egipcio.

Nos causó muchísimo trabajo poner en descubierto una porción del músculo temporal, que parecía menos rígidamente pétrea que otras partes del cuerpo; pero, tal como habíamos anticipado, el músculo no dio la menor muestra de sensibilidad galvánica cuando establecimos el contacto. Esta primera prueba nos pareció decisiva y, riéndonos de nuestra insensatez, nos despedíamos hasta la siguiente sesión, cuando mis ojos cayeron casualmente sobre los de la momia y quedaron clavados por la estupefacción. Me había sido suficiente una mirada para darme cuenta de que aquellos ojos, que suponíamos de vidrio y que nos habían llamado la atención por cierta extraña fijeza, se encontraban ahora tan cubiertos por los párpados que sólo una pequeña porción de la túnica albuginea era visible.

Arrojando un grito, llamé la atención de todos sobre el fenómeno, que no podía ser puesto en discusión.

No diré que me sentí alarmado, pues en mi caso la palabra no resultaría exacta. Es probable sin embargo que, de no mediar la cerveza, me hubiera sentido algo nervioso. En cuanto al resto de los asistentes, no trataron de ocultar el espanto que se apoderó de ellos. Daba lástima contemplar al doctor Ponnonner. Mr. Gliddon, gracias a un procedimiento inexplicable, había conseguido hacerse invisible. En cuanto a Mr. Silk Buckingham, no creo que tendrá la audacia de negar que se había metido a gatas debajo de la mesa.

Pasado el primer momento de estupefacción, resolvimos de común acuerdo proseguir la experiencia. Dirigimos nuestros esfuerzos hacia el dedo gordo del pie derecho. Practicamos una incisión en la zona exterior del os sesamoideum pollicis pedis, llegando hasta la raíz del músculo abductor. Luego de reajustar la batería, aplicamos la corriente a los nervios al descubierto. Entonces, con un movimiento extraordinariamente lleno de vida, la momia levantó la rodilla derecha hasta ponerla casi en contacto con el abdomen y, estirando la pierna con inconcebible fuerza, descargó contra el doctor Ponnonner un golpe que tuvo por efecto hacer salir a dicho caballero como una flecha disparada por una catapulta, proyectándolo por una ventana a la calle.

Corrimos en masa a recoger los destrozados restos de la víctima, pero tuvimos la alegría de encontrarla en la escalera, subiendo a toda velocidad, abrasado de fervor científico, y más que nunca convencido de que debíamos proseguir el experimento sin desfallecer.

Siguiendo su consejo, decidimos practicar una profunda incisión en la punta de la nariz, que el doctor sujetó en persona con gran vigor, estableciendo un fortísimo contacto con los alambres de la pila.

Moral y físicamente, figurativa y literalmente, el efecto producido fue eléctrico. En primer lugar, el cadáver abrió los ojos y los guiñó repetidamente largo rato, como hace Mr. Barnes en su pantomima; en segundo, estornudó; en tercero, se sentó; en cuarto, agitó frenéticamente el puño en la cara del doctor Ponnonner; en quinto, volviéndose a los señores Gliddon y Buckingham, les dirigió en perfecto egipcio el siguiente discurso:

—Debo decir, caballeros, que estoy tan sorprendido como mortificado por la conducta de ustedes. Nada mejor podía esperarse del doctor Ponnonner. Es un pobre estúpido que no sabe nada de nada. Lo compadezco y lo perdono. Pero usted, Mr. Gliddon... y usted, Silk... que han viajado y trabajado en Egipto, al punto que podría decirse que ambos han nacido en nuestra madre tierra... Ustedes, que han residido entre nosotros hasta hablar el egipcio con la misma perfección que su lengua propia... Ustedes, a quienes había considerado siempre como los leales amigos de las momias... ¡ah, en verdad esperaba una conducta más caballeresca de parte de los dos! ¿Qué debo pensar al verlos contemplar impasibles la forma en que se me trata? ¿Qué debo pensar al descubrir que permiten que tres o cuatro fulanos me arranquen de mi ataúd y me desnuden en este maldito clima helado? ¿Y cómo debo interpretar, para decirlo de una vez, que hayan permitido y ayudado a ese miserable canalla, el doctor Ponnonner, a que me tirara de la nariz?

Nadie dudará, presumo, de que, dadas las circunstancias y el antedicho discurso, corrimos todos hacia la puerta, nos pusimos histéricos, o nos desmayamos cuan largos éramos. Cabía esperar una de las tres cosas. Cada una de esas líneas de conducta hubiera podido ser muy plausiblemente adoptada. Y doy mi palabra de que no alcanzo a explicarme cómo y por qué no seguimos ninguna de ellas. Quizá haya que buscar la verdadera razón en el espíritu de nuestro tiempo, que se guía por la ley de los contrarios y la acepta habitualmente como solución de cualquier cosa por vía de paradoja e imposibilidad. Puede ser, asimismo, que el aire tan natural y corriente de la momia privara a sus palabras de todo efecto aterrador. De todos modos, los hechos son como los he contado, y ninguno de nosotros demostró espanto especial, ni pareció suponer que lo que sucedía fuese algo fuera de lo normal.

Por mi parte me sentía convencido de que todo estaba en orden, y me limité a correrme a un costado, lejos del alcance de los puños del egipcio. El doctor Ponnonner se metió las manos en los bolsillos del pantalón, miró con fijeza a la momia y se puso extraordinariamente rojo. Mr. Gliddon se acarició las patillas y se ajustó el cuello. Mr. Buckingham bajó la cabeza y se metió el dedo pulgar derecho en el ángulo izquierdo de la boca.

El egipcio lo miró severamente durante largo rato, tras lo cual hizo un gesto despectivo y le dijo:

—¿Por qué no me contesta, Mr. Buckingham? ¿Ha oído o no lo que acabo de preguntarle? ¡Sáquese ese dedo de la boca!

Mr. Buckingham se sobresaltó ligeramente, quitóse el pulgar derecho del lado izquierdo de la boca y, por vía de resarcimiento, insertó el pulgar izquierdo en el ángulo derecho de la abertura antes mencionada.

Al no obtener respuesta de Mr. Buckingham, la momia se volvió malhumorada a Mr. Gliddon y, con tono tajante, le preguntó qué diablos pretendíamos todos.

Mr. Gliddon le contestó detalladamente en idioma fonético; y si no fuera por la carencia de caracteres jeroglíficos en las imprentas norteamericanas, me hubiese encantado reproducir aquí su excelentísimo discurso en la forma original.

Aprovecharé la ocasión para hacer notar que la conversación con la momia se desarrolló en egipcio antiguo; tanto yo como los otros miembros no eruditos del grupo contamos con los señores Gliddon y Buckingham como intérpretes. Estos caballeros hablaban la lengua materna de la momia con inimitable fluidez y gracia; pero no pude dejar de observar que (a causa, sin duda, de la introducción de imágenes modernas, vale decir absolutamente novedosas para el egipcio) ambos eruditos se veían obligados en ocasiones a emplear formas concretas para explicar determinadas cosas. Mr. Gliddon, por ejemplo, no pudo hacer comprender en cierto momento al egipcio la palabra «política» hasta que no hubo dibujado en la pared, con un carbón, un diminuto caballero de nariz llena de verrugas, con los codos rotos, subido a una tribuna, la pierna izquierda echada hacia atrás, el brazo derecho tendido hacia adelante, cerrado el puño y los ojos vueltos hacia el cielo, mientras la boca se abría en un ángulo de noventa grados. Del mismo modo, Mr. Buckingham no consiguió hacerle entender la noción absolutamente moderna de whig hasta que el doctor Ponnonner le sugirió el medio adecuado; nuestro amigo se puso sumamente pálido, pero consintió en quitarse la peluca.

Se comprenderá fácilmente que el discurso de Mr. Gliddon versó principalmente sobre los grandes beneficios que el desempaquetamiento y destripamiento de las momias había proporcionado a la ciencia, aprovechando esto para excusarnos de todos los inconvenientes que pudiéramos haber ocasionado en especial a la momia llamada Allamistakeo; concluyó sugiriendo finamente (pues apenas era una insinuación) que, una vez explicadas estas cosas, muy bien podíamos continuar con el examen proyectado.

Al oír esto, el doctor Ponnonner se puso a preparar sus instrumentos.

Pero parece ser que Allamistakeo tenía ciertos escrúpulos de conciencia —cuya naturaleza no pude llegar a comprender— con respecto a la sugestión del orador. Mostróse, sin embargo, satisfecho de las disculpas ofrecidas y, bajándose de la mesa, estrechó las manos de todos los presentes.

Terminada esta ceremonia, nos ocupamos inmediatamente de reparar los daños que el bisturí había ocasionado en nuestro sujeto. Le cosimos la herida de la frente, le vendamos el pie y le aplicamos una pulgada cuadrada de esparadrapo negro en la punta de la nariz.

Notóse entonces que el conde (tal parecía ser el título de Allamistakeo) temblaba ligeramente, sin duda a causa del frío. El doctor se trasladó al punto a su guardarropa, volviendo con una magnífica chaqueta negra, admirablemente cortada por Jennings; un par de pantalones de tartán celeste con trabillas, una camisa de guinga color rosa, un chaleco de brocado, un abrigo corto blanco, un bastón con puño, un sombrero sin alas, botas de charol, guantes de cabritilla de color paja, un monóculo, un par de patillas y una corbata del modelo en cascada. Dada la disparidad de tamaño entre el conde y el doctor (que se encontraban en proporción de dos a uno), tuvimos alguna dificultad para disponer aquellas prendas en la persona del egipcio; pero, una vez vestido, hubiera podido decirse que lo estaba de verdad. Mr. Gliddon le dio entonces el brazo y lo llevó hasta un confortable sillón junto al fuego, mientras el doctor llamaba y pedía cigarros y vino.

La conversación no tardó en animarse. Como es natural, nos sentíamos muy curiosos ante el hecho bastante notable de que Allamistakeo siguiera todavía vivo.

—Hubiera pensado —expresó Mr. Buckingham— que estaba usted muerto desde hacía mucho.

—¡Cómo! —replicó el conde, profundamente sorprendido—. ¡Si apenas he pasado los setecientos años! Mi padre vivió mil y no estaba en absoluto chocho cuando murió.

Siguieron a esto una serie de preguntas y cálculos, tras de los cuales fue evidente que la antigüedad de la momia había sido muy groseramente estimada. Hacía cinco mil cincuenta años, con algunos meses, que le habían depositado en las catacumbas de Eleithias.

—Mi observación, no obstante —continuó Mr. Buckingham—, no se refería a la edad de usted en el momento de su entierro (ya que no tengo inconveniente en reconocer que es usted un hombre joven), sino a la inmensidad de tiempo que llevaba, según su propio testimonio, envuelto en betún.

—¿En qué? —dijo el conde.

—En betún —persistió Mr. Buckingham.

—¡Ah, sí, creo entender! El betún podía servir, en efecto; pero en mi tiempo se empleaba casi exclusivamente el bicloruro de mercurio.

—Lo que nos resulta particularmente difícil de comprender —dijo el doctor Ponnonner— es cómo, después de morir y ser enterrado en Egipto hace cinco mil años, se encuentra usted hoy lleno de vida y con aire tan saludable.

—Si hubiese estado muerto, como dice usted —replicó el conde—, lo más probable es que continuara estándolo; pero veo que se encuentran ustedes en la infancia del galvanismo y no son capaces de llevar a cabo lo que en nuestros antiguos tiempos era práctica corriente. Por mi parte, caí en estado de catalepsia y mis mejores amigos consideraron que estaba muerto o que debía estarlo; me embalsamaron, pues, inmediatamente, pero... supongo que están ustedes al tanto del principio fundamental del embalsamamiento.

—¡De ninguna manera!

—¡Ah, ya veo! ¡Triste ignorancia, en verdad! Pues bien, no entraré en pormenores, pero debo decir que en Egipto el embalsamamiento propiamente dicho consistía en la suspensión indefinida de todas las funciones animales sometidas al proceso. Empleo el término «animal» en su sentido más amplio, incluyendo no sólo el ser físico, sino el moral y el vital. Repito que el principio básico consistía entre nosotros en suspender y mantener latentes todas las funciones animales sometidas al proceso de embalsamamiento. O sea, que, en resumen, cualquiera fuese la condición en que se encontraba el sujeto en el momento de ser embalsamado, así continuaba por siempre. Pues bien, como afortunadamente soy de la sangre del Escarabajo, fui embalsamado vivo, tal como me ven ustedes ahora.

—¡La sangre del Escarabajo! —exclamó el doctor Ponnonner.

—Sí. El Escarabajo era el emblema, las «armas» de una distinguidísima familia patricia muy poco numerosa. Ser «de la sangre del Escarabajo» significa sencillamente pertenecer a dicha familia cuyo emblema era el Escarabajo. Hablo figurativamente.

—Pero, ¿qué tiene eso que ver con que se encuentrre usted vivo?

—Pues bien, la costumbre general en Egipto consiste en extraer el cerebro y las entrañas del cadáver antes de embalsamarlo; tan sólo la raza de los Escarabajos se eximía de esa práctica. De no haber sido yo un Escarabajo, me hubiera quedado sin cerebro y sin entrañas; no resulta cómodo vivir sin ellos.

—Ya veo —dijo Mr. Buckingham—, y supongo que todas las momias que nos han llegado enteras son de la raza del Escarabajo.

—Sin la menor duda.

—Yo había pensado —dijo tímidamente Mr. Gliddon— que el Escarabajo era uno de los dioses egipcios.

—¿Uno de los qué egipcios? —gritó la momia, poniéndose de pie.

—Uno de los dioses —repitió el erudito.

—Mr. Gliddon, estoy estupefacto al oírle hablar de esa manera —dijo el conde, volviendo a sentarse—. Ninguna nación de este mundo ha reconocido nunca más de un dios. El Escarabajo, el Ibis etc., eran para nosotros los símbolos (como seres semejantes lo fueron para otros), los intermediarios a través de los cuales adorábamos a un Creador demasiado augusto para dirigirnos a él directamente.

Hubo una pausa. La conversación fue reanudada por el doctor Ponnonner.

—A juzgar por lo que nos ha explicado usted —dijo—, no sería improbable que en las catacumbas próximas al Nilo haya otras momias de la raza de los Escarabajos e igualmente vivas.

—Sin la menor duda —replicó el conde—. Todos los Escarabajos embalsamados vivos por accidente siguen estando vivos. Incluso algunos de aquéllos, embalsamados expresamente, pueden haber sido olvidados por sus ejecutores testamentarios y, sin duda, continúan en sus tumbas.

—¿Sería usted tan amable de explicarnos —pregunté— qué entiende por embalsamar «expresamente»?

—Con mucho gusto —repuso la momia, luego de mirarme atentamente a través del monóculo, pues era la primera vez que me atrevía a hacerle una pregunta directa.

—Con mucho gusto —repitió—. La duración usual de la vida humana en mi tiempo era de unos ochocientos años. Pocos hombres morían, a menos de sobrevenirles algún accidente extraordinario, antes de los seiscientos; pero la cifra anterior era considerada como el término natural. Luego de descubierto el principio del embalsamamiento, tal como lo he explicado antes, nuestros filósofos pensaron que sería posible satisfacer una muy laudable curiosidad, y a la vez contribuir grandemente a los intereses de la ciencia, si ese término natural era vivido en varias etapas. En el caso de la historia, sobre todo, la experiencia había demostrado que algo así resultaba indispensable. Un historiador, por ejemplo, llegado a la edad de quinientos años, escribía un libro con muchísimo celo, y luego se hacía embalsamar cuidadosamente, dejando instrucciones a sus albaceas pro tempore, para que lo resucitaran transcurrido un cierto período —digamos quinientos o seiscientos años—. Al reanudar su vida, el sabio descubría invariablemente que su gran obra se había convertido en una especie de libreta de notas reunidas al azar, algo así como una palestra literaria de todas las conjeturas antagónicas, los enigmas y las pendencias personales de un ejército de exasperados comentadores. Aquellas conjeturas, etc., que recibían el nombre de notas o enmiendas, habían tapado, deformado y agobiado de tal manera el texto, que el autor se veía precisado a encender una linterna para buscar su propio libro. Una vez descubierto, no compensaba nunca el trabajo de haberlo buscado. Luego de escribirlo íntegramente de nuevo, el historiador consideraba su deber ponerse a corregir de inmediato, con su conocimiento y experiencias personales, las tradiciones corrientes sobre la época en que había vivido anteriormente. Y así, ese proceso de nueva redacción y de rectificación personal, cumplido de tiempo en tiempo por diversos sabios, impedía que nuestra historia se convirtiera en una pura fábula.

—Dispénseme usted —dijo en este punto el doctor Ponnonner, apoyando suavemente la mano sobre el brazo del egipcio—. Perdóneme usted, señor, pero... ¿puedo interrumpirlo un momento?

—Ciertamente, señor —replicó el conde.

—Tan sólo una pregunta —continuó el doctor—. Mencionó usted las correcciones personales del historiador a las tradiciones referentes a su propio tiempo. Dígame usted: ¿qué proporción de dichas tradiciones eran verdaderas?

—Pues bien, señor mío, los historiadores descubrían que las tales tradiciones se encontraban absolutamente a la par de las historias mismas antes de ser reescritas; vale decir que en ellas no había jamás, y bajo ninguna circunstancia, la menor palabra que no fuera total y radicalmente falsa.

—De todas maneras —insistió el doctor—, puesto que sabemos que han pasado por lo menos cinco mil años desde su entierro, doy por descontado que las historias de aquel período, si no las tradiciones, eran suficientemente explícitas sobre el tema de mayor interés universal, o sea la Creación, que, como bien sabe usted, se produjo hace tan sólo diez siglos.

—¡Caballero! —exclamó el conde Allamistakeo.

El doctor repitió sus palabras, pero sólo logró que el egipcio las comprendiera después de muchas explicaciones adicionales. Entonces, no sin vacilar, dijo este último:

—Confieso que las ideas que acaba de sugerirme me resultan completamente nuevas. En mis tiempos jamás supe que alguien abrigara la singular fantasía de que el universo (o este mundo, si lo profiere) hubiera tenido jamás un principio. Sólo recuerdo que una vez —una vez tan sólo— escuché de un hombre de grandes conocimientos cierta remota insinuación acerca del origen de la raza humana, y esa misma persona empleó la palabra Adán (o sea tierra roja) que acaba de emplear usted. Pero él lo hizo en un sentido muy amplio, refiriéndose a la generación espontánea de cinco vastas hordas humanas salidas del limo (como nacen miles de otros organismos inferiores), y que surgieron simultáneamente en cinco partes distintas y casi iguales del globo.

Al oír esto nos miramos, encogiéndonos de hombros, y uno o dos se llevaron un dedo a la sien con aire significativo. Entonces Mr. Silk Buckingham, luego de echar una ojeada al occipucio y a la coronilla de Allamistakeo, habló como sigue:

—La larga duración de la vida en sus tiempos, así como la costumbre ocasional de pasarla en distintas etapas según nos ha explicado usted, debe haber contribuido profundamente al desarrollo y a la acumulación general del saber. Considero, pues, que la pronunciada inferioridad de los egipcios antiguos en materias científicas, si se los compara con los modernos, y más especialmente con los yanquis, nace de la mayor dureza del cráneo egipcio.

—Debo confesar nuevamente —repuso el conde con mucha gentileza— que me cuesta un tanto comprenderle. ¿A qué materias científicas se refiere, por favor?

Uniendo nuestras voces, le dimos entonces toda clase de detalles sobre las teorías frenológicas y las maravillas del magnetismo animal.

Luego de escucharnos hasta el fin, el conde se puso a narrarnos algunas anécdotas que demostraron claramente cómo los prototipos de Gall y de Spurzheim habían prosperado en Egipto en tiempos tan remotos como para que su recuerdo se hubiese perdido; así como que los procedimientos de Mesmer eran despreciables triquiñuelas comparados con los verdaderos milagros de los sabios de Tebas, capaces de crear piojos y muchos otros seres similares.

Pregunté al conde si su pueblo sabía calcular los eclipses. Sonrió un tanto desdeñosamente y me contesto que sí.

Esto me desconcertó algo, pero continué haciéndole preguntas sobre sus conocimientos astronómicos hasta que uno de los presentes, que hasta entonces no había abierto la boca, me susurró al oído que para esa clase de informaciones haría mejor en consultar a Ptolomeo (sin explicarme quién era), así como a un tal Plutarco, en su De facie lunœ.

Interrogué entonces a la momia en relación a espejos ustorios y lentes, y de manera general sobre la fabricación del vidrio; pero, apenas había formulado mis preguntas, cuando el contertulio silencioso me apretó suavemente el codo, pidiéndome en nombre de Dios que echara un vistazo a Diodoro de Sicilia. En cuanto al conde, se limitó a preguntarme, a modo de respuesta, si los modernos poseíamos microscopios que nos permitieran tallar camafeos en el estilo de los egipcios.

Mientras pensaba cómo responder a esta pregunta, el pequeño doctor Ponnonner se puso en descubierto de la manera más extraordinaria.

—¡Vaya usted a ver nuestra arquitectura! —exclamó, con enorme indignación por parte de los dos egiptólogos, quienes lo pellizcaban fuertemente sin lograr que se callara.

—¡Vaya a ver la fuente del Bowling Green, de Nueva York! —gritaba entusiasmado—. ¡O, si le resulta demasiado difícil de contemplar, eche una ojeada al Capitolio de Washington!

Y nuestro excelente y diminuto médico continuó detallando minuciosamente las proporciones del edificio del

Capitolio. Explicó que tan sólo el pórtico se encontraba adornado con no menos de veinticuatro columnas, las cuales tenían cinco pies de diámetro y estaban situadas a diez pies una de otra.

El conde dijo que lamentaba no recordar en ese momento las dimensiones exactas de cualquiera de los principales edificios de la ciudad de Aznac, cuyos cimientos habían sido puestos en la noche de los tiempos, pero cuyas ruinas seguían aún en pie en la época de su entierro, en un desierto al oeste de Tebas. Recordaba empero (ya que de pórtico se trataba) que uno de ellos, perteneciente a un palacio secundario en un suburbio llamado Karnak, tenía ciento cuarenta y cuatro columnas de treinta y siete pies de circunferencia, colocadas a veinticinco pies una de otra. A este pórtico se llegaba desde el Nilo por una avenida de dos millas de largo, compuesta por esfinges, estatuas y obeliscos, de veinte, sesenta y cien pies de altura. El palacio, hasta donde alcanzaba a recordar, tenía dos millas de largo, y su circuito total debía alcanzar las siete millas. Las paredes estaban ricamente pintadas con jeroglíficos en el interior y exterior. El conde no pretendía afirmar que dentro del área del palacio hubieran podido construirse unos cincuenta o sesenta Capitolios como el del doctor, pero, aun sin estar completamente seguro, pensaba que, con algún esfuerzo, se hubieran podido meter doscientos o trescientos. Claro que, después de todo, el palacio de Karnak era bastante insignificante. De todas maneras el conde no podía negarse conscientemente a admitir el ingenio, la magnificencia y la superioridad de la fuente del Bowling Green, tal como la había descrito el doctor. Se veía forzado a reconocer que en Egipto jamás se había visto una cosa semejante.

Pregunté entonces al conde qué opinaba de nuestros ferrocarriles.

Contestó que no opinaba nada en especial. Los ferrocarriles eran un tanto débiles, mal concebidos y torpemente realizados. Por supuesto que no se los podía comparar con las enormes calzadas, perfectamente lisas, directas y con vías de hierro, sobre las cuales los egipcios transportaban templos enteros y sólidos obeliscos de ciento cincuenta pies de altura.

Aludí a nuestras gigantescas fuerzas mecánicas.

Convino en que algo sabíamos de esas cosas, pero me preguntó cómo me las habría arreglado para colocar las impostas de los dinteles, aun en un templo tan pequeño como el de Karnak.

Resolví no escuchar esta pregunta, y quise saber si tenía alguna idea sobre los pozos artesianos. El conde se limitó a levantar las cejas, mientras Mr. Gliddon me guiñaba con violencia el ojo y me decía en voz baja que los ingenieros encargados de las perforaciones en el Gran Oasis acababan de descubrir uno hacía muy poco.

Mencioné entonces nuestro acero, pero el egipcio levantó desdeñosamente la nariz y me preguntó si nuestro acero habría podido ejecutar los profundos relieves que se ven en los obeliscos y que se ejecutaban con la sola ayuda de instrumentos de cobre.

Esto nos desconcertó tanto que juzgamos prudente trasladar la ofensiva al campo metafísico. Mandamos buscar un ejemplar de un libro llamado The Dial, y le leímos en alta voz uno o dos capítulos acerca de algo no muy claro, pero que los bostonianos denominaban el Gran Movimiento del Progreso.

El conde se limitó a decir que los Grandes Movimientos eran cosas tristemente vulgares en sus días; en cuanto al Progreso, en cierta época había sido una verdadera calamidad, pero nunca llegó a progresar.

Hablamos entonces de la belleza e importancia de la democracia, y tuvimos gran trabajo para hacer entender debidamente al conde las ventajas de que gozábamos viviendo allí donde existía el sufragio ad libitum, y no había ningún rey.

Nos escuchó muy interesado y, en realidad, me dio la impresión de que se divertía muchísimo. Cuando hubimos terminado, nos hizo saber que, mucho tiempo atrás, había ocurrido entre ellos algo parecido. Trece provincias egipcias decidieron ser libres y dar un magnífico ejemplo al resto de la humanidad. Sus sabios se reunieron y confeccionaron la más ingeniosa constitución que pueda concebirse. Durante un tiempo se las arreglaron notablemente bien, sólo que su tendencia a la fanfarronería era prodigiosa. La cosa terminó, sin embargo, el día en que los quince Estados, a quienes se agregaron otros quince o veinte, se consolidaron creando el más odioso e insoportable despotismo que jamás se haya visto en la superficie de la tierra.

Pregunté el nombre del tirano usurpador.

El conde creía recordar que se llamaba Populacho.

No sabiendo qué decir a esto, alcé mi voz para deplorar la ignorancia de los egipcios sobre el vapor.

El conde me miró lleno de asombro, pero no dijo nada. En cambio el contertulio silencioso me dio fuertemente en las costillas con el codo, diciéndome que bastante había hecho ya el ridículo, y preguntándome si realmente era tan tonto como para no saber que la moderna máquina de vapor deriva de la invención de Hero, pasando por Salomón de Caus.

Nos encontrábamos en grave peligro de ser derrotados. Pero, entonces, para nuestra buena suerte, el doctor Ponnonner acudió a socorrernos e inquirió si el pueblo egipcio pretendía rivalizar seriamente con los modernos en la importantísima cuestión del vestido.

El conde, al oír esto, miró las trabillas de sus pantalones y, tomando luego uno de los faldones de su chaqueta, se lo acercó a los ojos durante largo rato. Por fin lo dejó caer, mientras su boca se iba extendiendo gradualmente de oreja a oreja; pero no recuerdo que dijese nada a manera de contestación.

Recobramos así nuestro ánimo, y el doctor, acercándose con gran dignidad a la momia, le pidió que declarara francamente, por su honor de caballero, si alguna vez los egipcios habían sido capaces de comprender la fabricación de las pastillas de Ponnonner o de las píldoras de Brandeth.

Esperamos ansiosamente una respuesta, pero inútilmente. La respuesta no llegaba. El egipcio se sonrojó y bajó la cabeza. Jamás se vio triunfo más completo; jamás una derrota fue sobrellevada con tan poca gracia. Realmente me resultaba insoportable el espectáculo de la mortificación de la pobre momia. Busqué mi sombrero, me incliné secamente y salí.

Al llegar a casa vi que eran las cuatro pasadas, y me metí inmediatamente en cama. Son ahora las diez de la mañana. Desde las siete estoy levantado, redactando esta crónica para beneficio de mi familia y de la humanidad. A la primera no volveré a verla. Mi mujer es una arpía. Diré la verdad: estoy amargamente cansado de esta vida y del siglo XIX en general. Me siento convencido de que todo va mal. Además tengo gran ansiedad por saber quién será Presidente en 2045. Por eso, tan rápido me haya afeitado y bebido una taza de café, volveré a casa de Ponnonner y me haré embalsamar por un par de cientos de años.

El demonio de la perversidad

En la consideración de las facultades e impulsos de los prima mobilia del alma humana los frenólogos han olvidado una tendencia que, aunque evidentemente existe como un sentimiento radical, primitivo, irreductible, los moralistas que los precedieron también habían pasado por alto. Con la perfecta arrogancia de la razón, todos la hemos dejado pasar desapercibido. Hemos permitido que su existencia escapara a nuestro conocimiento tan sólo por falta de creencia, de fe, sea fe en la Revelación o fe en la Cábala. Nunca se nos ha ocurrido pensar en ella, simplemente por su gratuidad. No creímos que esa tendencia tuviera necesidad de un impulso. No podíamos percibir su necesidad. No podíamos entender, es decir, aunque la noción de este primum mobile se hubiese introducido por sí misma, no podíamos entender de qué modo era capaz de actuar para mover las cosas humanas, ya temporales, ya eternas. No es posible negar que la frenología, y en gran medida toda la metafísica, han sido elaboradas a priori. El metafísico y el lógico, más que el hombre que piensa o el que observa, se ponen a imaginar designios de Dios, a dictarle propósitos. Habiendo sondeado de esta manera, a gusto, las intenciones de Jehová, construyen sobre estas intenciones sus innumerables sistemas mentales. En materia de frenología, por ejemplo, hemos determinado, primero (por lo demás era bastante natural hacerlo), que entre los designios de la Divinidad se contaba el de que el hombre comiera. Concedemos, pues, a éste un órgano de la alimentividad para alimentarse, y este órgano es el acicate con el cual la Deidad fuerza al hombre, quieras que no, a comer. En segundo lugar, habiendo decidido que la voluntad de Dios quiere que el hombre propague la especie, descubrimos inmediatamente un órgano de la amatividad. Y lo mismo hicimos con la combatividad, la idealidad, la casualidad, la constructividad, en una palabra, con todos los órganos que representaran una tendencia, un sentimiento moral o una facultad del puro intelecto. Y en este ordenamiento de los principios de la acción humana, los spurzheimistas, con razón o sin ella, en parte o en su totalidad, no han hecho sino seguir en principio los pasos de sus predecesores, deduciendo y estableciendo cada cosa a partir del destino preconcebido del hombre y tomando como fundamento los propósitos de su Creador.

Hubiera sido más prudente, hubiera sido más seguro fundar nuestra clasificación (puesto que debemos hacerla) en lo que el hombre habitual u ocasionalmente hace, y en lo que siempre hace ocasionalmente, en cambio de fundarla en la hipótesis de lo que Dios pretende obligarle a hacer. Si no podemos comprender a Dios en sus obras visibles, ¿cómo lo comprenderíamos en los inconcebibles pensamientos que dan vida a sus obras? Si no podemos entenderlo en sus criaturas objetivas, ¿cómo hemos de comprenderlo en sus tendencias esenciales y en las fases de la creación?

La inducción a posteriori hubiera llevado a la frenología a admitir, como principio innato y primitivo de la acción humana, algo paradójico que podemos llamar perversidad a falta de un término más característico. En el sentido que le doy es, en realidad, un móvil sin motivo, un motivo no motivado. Bajo sus incitaciones actuamos sin objeto comprensible, o, si esto se considera una contradicción en los términos, podemos llegar a modificar la proposición y decir que bajo sus incitaciones actuamos por la razón de que no deberíamos actuar. En teoría ninguna razón puede ser más irrazonable; pero, de hecho, no hay ninguna más fuerte. Para ciertos espíritus, en ciertas condiciones llega a ser absolutamente inquebrantable. Tan seguro como que respiro sé que en la seguridad de la equivocación o el error de una acción cualquiera reside con frecuencia la fuerza irresistible, la única que nos impele a su prosecución. Esta invencible tendencia a hacer el mal por el mal mismo no admitirá análisis o resolución en subsiguientes elementos. Es un impulso radical, primitivo, elemental. Se dirá, lo sé, que cuando persistimos en nuestros actos porque sabemos que no deberíamos hacerlo, nuestra conducta no es sino una modificación de la que comúnmente provoca la combatividad de la frenología. Pero una mirada mostrará la falsedad de esta idea. La combatividad, a la cual se refiere la frenología, tiene por esencia la necesidad de autodefensa. Es nuestra salvaguardia contra todo daño. Su principio concierne a nuestro bienestar, y así el deseo de estar bien es excitado al mismo tiempo que su desarrollo. Se sigue que el deseo de estar bien debe ser excitado al mismo tiempo por algún principio que será una simple modificación de la combatividad, pero en el caso de esto que llamamos perversidad el deseo de estar bien no sólo no se manifiesta, sino que existe un sentimiento fuertemente antagónico.

Si se apela al propio corazón, se encontrará, después de todo, la mejor réplica a la sofistería que acaba de señalarse. Nadie que consulte con sinceridad su alma y la someta a todas las preguntas estará dispuesto a negar que esa tendencia es absolutamente radical. No es más incomprensible que característica. No hay hombre viviente a quien en algún período no lo haya atormentado, por ejemplo, un vehemente deseo de torturar a su interlocutor con circunloquios. El que habla advierte el desagrado que causa; tiene toda la intención de agradar; por lo demás, es breve, preciso y claro; el lenguaje más lacónico y más luminoso lucha por brotar de su boca; sólo con dificultad contiene su curso; teme y lamenta la cólera de aquel a quien se dirige; sin embargo, se le ocurre la idea de que puede generar esa cólera con ciertos incisos y ciertos paréntesis. Este solo pensamiento es suficiente. El impulso crece hasta el deseo, el deseo hasta el anhelo, el anhelo hasta un ansia incontrolable y el ansia (con gran pesar y mortificación del que habla y desafiando todas las consecuencias) es consentida.

Tenemos ante nosotros una tarea que debe ser cumplida velozmente. Sabemos que la demora será ruinosa. La crisis más importante de nuestra vida exige, a grandes voces, energía y acción inmediatas. Ardemos, nos consumimos de ansiedad por comenzar la tarea, y en la anticipación de su magnífico resultado nuestra alma se enardece. Debe, tiene que ser emprendida hoy y, sin embargo, la dejamos para mañana; y ¿por qué? No hay respuesta, salvo que sentimos esa actitud perversa, usando la palabra sin comprensión del principio. El día siguiente llega, y con él una ansiedad más impaciente por cumplir con nuestro deber, pero con este verdadero aumento de ansiedad llega también un indecible anhelo de aplazamiento realmente espantosa por lo insondable. Este anhelo cobra fuerzas a medida que pasa el tiempo. La última hora para la acción está al alcance de nuestra mano. Nos estremece la violencia del conflicto interior, de lo definido con lo indefinido, de la sustancia con la sombra. Pero si la contienda ha llegado tan lejos, la sombra es la que vence, luchamos inútilmente. Suena la hora y doblan a muerto por nuestra felicidad. Al mismo tiempo es el canto del gallo para el fantasma que nos había atemorizado. Vuela, desaparece, somos libres. La antigua energía retorna. Trabajaremos ahora. ¡Ay, es demasiado tarde!

Estamos al borde de un precipicio. Miramos el abismo, sentimos malestar y vértigo. Nuestro primer impulso es retroceder ante el peligro. Inexplicablemente, nos quedamos. En lenta graduación, nuestro malestar y nuestro vértigo se confunden en una nube de sentimientos inefables. Por grados aún más imperceptibles esta nube cobra forma, como el vapor de la botella de donde surgió el genio en Las mil y una noches. Pero en esa nube nuestra al borde del precipicio, adquiere consistencia una forma mucho más terrible que cualquier genio o demonio de leyenda, y, sin embargo, es sólo un pensamiento, aunque temible, de esos que hielan hasta la médula de los huesos con la feroz delicia de su horror. Es simplemente la idea de lo que serían nuestras sensaciones durante la veloz caída desde semejante altura. Y esta caída, esta fulminante aniquilación, por la simple razón de que implica la más espantosa y la más abominable entre las más espantosas y abominables imágenes de la muerte y el sufrimiento que jamás se hayan presentado a nuestra imaginación, por esta simple razón la deseamos con más fuerza. Y porque nuestra razón nos aparta violentamente del abismo, por eso nos acercamos a él con más ímpetu. No hay en la naturaleza pasión de una impaciencia tan demoniaca como la del que, estremecido al borde de un precipicio, piensa arrojarse en él. Aceptar por un instante cualquier atisbo de pensamiento significa la perdición inevitable, pues la reflexión no hace sino apremiarnos para que no lo hagamos, y justamente por eso, digo, no podemos hacerlo. Si no hay allí un brazo amigo que nos detenga, o si fallamos en el súbito esfuerzo de echarnos atrás, nos arrojamos, nos destruimos.

Examinemos estas acciones y otras similares: encontraremos que resultan sólo del espíritu de perversidad. Las perpetramos simplemente porque sentimos que no deberíamos hacerlo. Más acá o más allá de esto no hay principio inteligible, y podríamos en verdad considerar su perversidad como una instigación directa del demonio si no supiéramos que a veces actúa en fomento del bien.

He conversado tanto que en cierta medida puedo responder a vuestra pregunta, puedo explicaros por qué estoy aquí, puedo mostraros algo que tendrá por lo menos una débil apariencia de justificación de estos grillos y esta celda de condenado que ocupo. Si no hubiera sido tan prolijo, o no me hubierais comprendido, o, como la chusma, me hubierais considerado loco. Ahora advertiréis fácilmente que soy una de las innumerables víctimas del demonio de la perversidad.

Es imposible que acción alguna haya sido preparada con más perfecta deliberación. Semanas, meses enteros medité en los medios del asesinato. Rechacé mil planes porque su realización implicaba una chance de ser descubierto. Por fin, leyendo algunas memorias francesas, encontré el relato de una enfermedad casi fatal sobrevenida a madame Pilau por obra de una vela accidentalmente envenenada. La idea impresionó de inmediato mi imaginación. Sabía que mi víctima tenía la costumbre de leer en la cama. Sabía también que su habitación era pequeña y mal ventilada. Pero no necesito fatigaros con detalles impertinentes. No necesito describir los fáciles artificios mediante los cuales reemplacé, en el candelero de su dormitorio, la vela que allí encontré por otra de mi fabricación. A la mañana siguiente lo encontraron muerto en su lecho, y el veredicto del coroner fue: «Muerto por la voluntad de Dios.»

Heredé su fortuna y todo anduvo bien durante varios años. Ni una sola vez cruzó por mi cerebro la idea de ser descubierto. Yo mismo hice desaparecer los restos de la bujía fatal. No dejé huella de una pista por la cual fuera posible acusarme o siquiera hacerme sospechoso del crimen. Es inconcebible el magnífico sentimiento de satisfacción que nacía en mi pecho cuando reflexionaba en mi absoluta seguridad. Durante un período muy largo me acostumbré a deleitarme en este sentimiento. Me proporcionaba un placer más real que las ventajas simplemente materiales derivadas de mi crimen. Pero le sucedió, por fin, una época en que el sentimiento agradable llegó, en gradación casi imperceptible, a convertirse en una idea obsesiva, torturante. Torturante por lo obsesiva. Apenas podía librarme de ella por momentos. Es bastante común que nos fastidie el oído, o más bien la memoria, el machacón estribillo de una canción vulgar o algunos compases triviales de una ópera. El martirio no sería menor si la canción en sí misma fuera buena o el aria de ópera meritoria. Así es como, al fin, me descubría permanentemente pensando en mi seguridad y repitiendo en voz baja la frase: «Estoy a salvo».

Un día, mientras deambulaba por las calles, me sorprendí en el momento de murmurar, casi en voz alta, las palabras acostumbradas. En un acceso de presunción les di esta nueva forma: «Estoy a salvo, estoy a salvo si no soy lo bastante tonto para confesar abiertamente.»

No bien pronuncié estas palabras, sentí que un frío de hielo penetraba hasta mi corazón. Tenía ya alguna experiencia de estos accesos de perversidad (cuya naturaleza he explicado no sin cierto esfuerzo) y recordaba que en ningún caso había resistido con éxito sus acometidas. Y ahora, la casual insinuación de que podía ser lo bastante tonto para confesar el asesinato del cual era culpable se enfrentaba conmigo como la verdadera sombra de mi asesinado y me llamaba a la muerte.

Al principio hice un esfuerzo para sacudir esta pesadilla de mi alma. Caminé vigorosamente, más rápido, cada vez más rápido, para terminar corriendo. Sentía un deseo enloquecedor de gritar con todas mis fuerzas. Cada ola sucesiva de mi pensamiento me abrumaba de terror, pues, ay, yo sabía bien, demasiado bien, que pensar, en mi situación, era estar perdido. Apresuré aún más el paso. Salté como un loco por las calles colmadas. Al fin, el populacho se alarmó y me persiguió. Sentí entonces la consumación de mi destino. Si hubiera podido arrancarme la lengua, lo habría hecho, pero una voz ruda resonó en mis oídos, una mano más ruda me aferró por el hombro. Me volví, abrí la boca para respirar. Por un momento experimenté todas las angustias del ahogo: estaba ciego, sordo, aturdido; y entonces algún demonio invisible —pensé— me golpeó con su ancha palma en la espalda. El secreto, largo tiempo cautivo, irrumpió de mi alma.

Dicen que hablé con una articulación clara, pero con marcado énfasis y apasionada prisa, como si temiera una interrupción antes de concluir las breves pero densas frases que me entregaban al verdugo y al infierno.

Después de relatar todo lo necesario para la plena acusación judicial, caí por tierra desmayado.

Pero, ¿para qué diré más? ¡Hoy tengo estas cadenas y estoy aquí! ¡Mañana estaré libre! Pero, ¿dónde?

El faro

(relato incompleto)

1 de enero de 1796. Hoy, mi primer día en el faro, apunto esta entrada en mi Diario, tal como concerté con De Grät. Mantendré el diario tan regularmente como pueda, aunque nunca se sabe lo que pueda sucederle a un hombre solo como yo; podría enfermar, o algo peor… ¡Hasta ahora todo marcha bien! El velero se salvó por poco, pero ¿por qué detenerme en eso, ya que estoy aquí, a salvo? Mi ánimo empieza a revivir, ante la sola idea de encontrarme, por primera vez en mi vida, completamente a solas; ya que, desde luego, Neptuno, pese a su tamaño, no debe ser considerado "sociedad". ¡El cielo no quiso que yo encontrase en la "sociedad" solo la mitad de lealtad que hay en este pobre perro! Pues en tal caso la "sociedad" y yo no tendríamos por qué habernos separado, por todo un año… Lo que más me asombra, es la dificultad que tuvo De Grät en obtener para mí este destino, ¡siendo yo un noble del reino! El Consistorio no tendría duda de mi capacidad para manejar el fanal. Un hombre solo había cuidado de él hasta ahora, y lo hacía tan bien como los tres que se ocuparon antes que él. Mis obligaciones son sencillas, y las instrucciones impresas no podían estar más claras. Nunca lo habría hecho de dejar que Orndoff me acompañase. Nunca hubiera podido dedicarme a mi libro estando cerca de él, con sus chismes intolerables, por no hablar de su eterna pipa de espuma de mar. Además, deseo estar solo... Es extraño, nunca, hasta este momento, me había percatado de cuán lúgubre sonido tiene esta palabra: ¡"Solo"! Deben de ser fantasías mías que haya creído notar un extraño eco tras estos muros circulares, pero ¡oh, no! Esto son tonterías mías. Acabaré perdiendo la tranquilidad con tanto aislamiento. Pero eso nunca va a suceder. Aunque no he olvidado el vaticinio de De Grät. Ahora, voy a comprobar la linterna y luego echaré un vistazo a los alrededores, a ver «qué se ofrece a mis ojos»... A ver qué puedo encontrarme de hecho... No mucho... El oleaje está amainando un poco, creo; el cúter encontrará una dura travesía de vuelta a casa. Seguro que no tendrá a la vista las costas de Norland antes del mediodía de mañana, y no estarán a más de 190 o 200 millas.

2 de enero. He pasado el día de hoy en una especie de éxtasis que me parece imposible describir. Mi pasión por la soledad difícilmente podría haber sido mejor satisfecha. No debiera decir satisfecha, aunque creo que nunca experimentaré un placer semejante al que he experimentado hoy... El viento se aplacó hacia el amanecer, y por la tarde la marea estaba muy baja... Nada que observar con el telescopio, nada más que mar y cielo, y alguna gaviota ocasional.

3 de enero. Tranquilidad chicha durante todo el día. Hacia el atardecer, el mar parecía un espejo. Algunas algas marinas se ofrecieron a la vista, pero, aparte de eso, absolutamente nada en todo el día, ni siquiera la más mínima traza de nube... Ahora me ocupo de explorar el faro... Es altísimo, me cuesta trabajo subir sus interminables escaleras, unos 160 pies, diría yo, desde la línea de bajamar hasta lo alto del fanal. Desde lo más profundo en el interior del eje, sin embargo, la distancia hasta la cúspide es de 180 pies por lo menos, por lo tanto el piso se adentra 20 pies bajo la superficie del mar, incluso estando la marea baja... Opino que el interior hueco de la parte inferior debería haber sido rellenado con mampostería maciza. De esta manera, sin duda el conjunto hubiese quedado más sólido. Pero ¿qué estoy pensando? Una estructura de este tipo ya es lo suficientemente segura en cualquier circunstancia. Debería sentirme a salvo en su interior, incluso si la azotase el más feroz de los huracanes, y sin embargo, he oído decir a los marineros que de vez en cuando, con el viento del suroeste, el mar en este sitio se ha sabido que ha restallado más alto que en cualquier otro lugar, con la única excepción de la boca occidental del Estrecho de Magallanes. Ningún mar, sin embargo, podría oponerse a este muro de sólido hierro remachado que, a 50 pies de la línea de pleamar, tiene cuatro pies de espesor, si esto es una pulgada... La base sobre la que descansa la estructura parece ser de roca caliza...

4 de enero...

Índice

•FONTANA•

1. **LA DIVINA COMEDIA,** Dante
2. **EL ARTE DE LA GUERRA,** Sun Tzu
3. **LA ILÍADA,** Homero
4. **LA ODISEA,** Homero
5. **LA ENEIDA,** Virgilio
6. **EL RETRATO DE DORIAN GRAY,** Oscar Wilde
7. **LA METAMORFOSIS,** Franz Kafka
8. **FRANKENSTEIN,** Mary Shelley
9. **NECRONOMICÓN, LOS MEJORES RELATOS,** H. P. Lovecraft
10. **ALICIA EN EL PAÍS DE LAS MARAVILLAS,** L. Carroll
11. **A TRAVÉS DEL ESPEJO,** Lewis Carroll
12. **LA VUELTA AL MUNDO EN OCHENTA DÍAS,** J. Verne
13. **DRÁCULA,** Bram Stoker
14. **CUENTOS DE LA SELVA,** Horacio Quiroga
15. **EL FANTASMA DE LA ÓPERA,** Gaston Leroux
16. **LA BELLA Y LA BESTIA,** Velleneuve y Beaumont
17. **DE LA TIERRA A LA LUNA,** Julio Verne
18. **EL PROCESO,** Frank Kafka
19. **CUENTOS DE AMOR DE LOCURA Y DE MUERTE,** H. Quiroga
20. **ROMEO Y JULIETA,** William Shakespeare
21. **ASÍ HABLABA ZARATUSTRA,** Friedrich Nietzsche
22. **MANIFIESTO COMUNISTA,** K. Marx y F. Engels
23. **EL PRÍNCIPE,** Nicolás Maquiavelo
24. **EL KYBALIÓN,** Tres Iniciados
25. **MÁS ALLÁ DEL BIEN Y DEL MAL,** Friedrich Nietzsche
26. **EL ANTICRISTO,** Friedrich Nietzsche
27. **APOLOGÍA DE SÓCRATES,** Platón
28. **DIÁLOGOS,** Platón
29. **METAFÍSICA,** Aristóteles
30. **RETÓRICA,** Aristóteles
31. **ÉTICA A NICÓMACO,** Aristóteles
32. **ELOGIO DE LA LOCURA,** Erasmo de Rotterdam
33. **AURORA,** Friedrich Nietzsche
34. **AZUL...,** Rubén Darío
35. **SELECCIÓN POÉTICA,** Federico García Lorca
36. **SENTIDO Y SENSIBILIDAD,** Jane Austen
37. **EL FANTASMA DE CANTERVILLE Y OTROS RELATOS,** O. Wilde
38. **EL PRÍNCIPE FELIZ Y OTROS CUENTOS,** Oscar Wilde
39. **CORAZÓN: DIARIO DE UN NIÑO,** Edmondo de Amicis
40. **ALREDEDOR DE LA LUNA,** Julio Verne

41. **LA MURALLA CHINA,** Franz Kafka
42. **AMÉRICA,** Franz Kafka
43. **EL PERRO DE LOS BASKERVILLE,** Arthur Conan Doyle
44. **EL DOCTOR JEKYLL Y MISTER HYDE,** Robert Louis Stevenson
45. **YERMA · DOÑA ROSITA LA SOLTERA,** Federico García Lorca
46. **SELECCIÓN DE CUENTOS,** Hermanos Grimm
47. **SELECCIÓN DE CUENTOS,** Christian Andersen
48. **EL MARAVILLOSO MAGO DE OZ,** Lyman Frank Baum
49. **EL CREPÚSCULO DE LOS ÍDOLOS,** Friedrich Nietzsche
50. **LA REPÚBLICA,** Platón
51. **EL CUERVO Y OTROS POEMAS,** Edgar Allan Poe
52. **LA MÁSCARA DE LA MUERTE ROJA Y OTROS RELATOS,** E. A. Poe
53. **EL CONTRATO SOCIAL,** Rousseau
54. **TRES ENSAYOS SOBRE LA TEORÍA SEXUAL,** Sigmund Freud
55. **PRINCIPIOS ELEMENTALES DE LA FILOSOFÍA,** Georges Politzer
56. **POPOL VUH & CHILAM BALAM**
57. **CANCIÓN DE NAVIDAD,** Charles Dickens
58. **EL INVITADO DE DRÁCULA Y OTRAS HISTORIAS DE TERROR,** Bram Stoker
59. **SALOMÉ & UNA MUJER SIN IMPORTANCIA,** Oscar Wilde
60. **INVESTIGACIÓN SOBRE LA NATURALEZA Y CAUSAS DE LA RIQUEZA DE LAS NACIONES,** Adam Smith
61. **EL ESCARABAJO DE ORO Y OTROS RELATOS,** Edgar Allan Poe
62. **HOJAS DE HIERBA,** Walt Whitman
63. **TAO TE KING,** Lao Tse
64. **MARTÍN FIERRO,** José Hernández
65. **MARÍA,** Jorge Isaacs
66. **EL ARTE DE AMAR · EL REMEDIO DEL AMOR,** Ovidio
67. **EL PROFETA · EL JARDÍN DEL PROFETA,** Khalil Gibrán
68. **DESOBEDIENCIA CIVIL Y OTROS TEXTOS,** Henry David Thoreau
69. **EL VALLE DEL TERROR,** Arthur Conan Doyle
70. **LA TEOGONÍA,** Hesíodo
71. **LA CASA DE BERNARDA ALBA · LA ZAPATERA PRODIGIOSA,** Federico García Lorca
72. **LAS FLORES DEL MAL,** Charles Baudelaire
73. **EL TERROR EN LA LITERATURA,** H. P. Lovecraft
74. **EL MUNDO COMO YO LO VEO,** Albert Einstein
75. **LOS MITOS DE CTHULHU,** H. P. Lovecraft
76. **UTOPÍA,** Tomás Moro
77. **EL GATO NEGRO Y OTROS RELATOS,** Edgar Allan Poe
78. **EN LAS MONTAÑAS DE LA LOCURA,** H. P. Lovecraft
79. **CUMBRES BORRASCOSAS,** Emily Brontë